MACH MIT!

BEWEGUNGSSTUNDEN, DIE LAUNE BRINGEN

Britta Bartoldus · Ilka Röhling

MACH MIT!

BEWEGUNGSSTUNDEN, DIE LAUNE BRINGEN

Kaufmann

INHALT

BEWEGUNG IN DER KINDLICHEN ENTWICKLUNG

EINLEITUNG

Müssen Kinder sich bewegen? Bewegung ist ein unverzichtbarer Bestandteil in der Entwicklung eines Kindes. Im Kleinkind- und Vorschulalter hat Bewegung vor allem das Ziel, dem natürlichen Bewegungsdrang der Kinder nachzukommen. So haben die Kinder die Möglichkeit, ihr Wohlbefinden und die motorischen Fähigkeiten zu stärken. Nur so kann eine gesunde Entwicklung gewährleistet werden. Allerdings werden in psychomotorischen Bewegungsangeboten neben der motorischen Fähigkeit auch die emotionale, geistige und soziale Entwicklung gefördert.

Der Förderung der körperlichen Gesundheit kommt in den letzten Jahren eine besondere Bedeutung zu. Experten beklagen, dass sich die körperliche Leistungsfähigkeit der Kinder verschlechtert hat. Es werden bei einem hohen Anteil der eingeschulten Kinder Haltungs- und Organleistungsschwächen festgestellt. Und immer mehr Kinder leiden unter einer gestörten Körperkoordination.

Bewegung bildet den Schlüssel zur gesunden Entwicklung der Kinder und macht den Kindern Spaß. Eine ganzheitliche Bewegungserziehung sollte in den Alltag der Kinder integriert werden und so zum langfristig gesunden Lebensstil beitragen.

KINDHEIT HEUTE

Viele Kinder entwickeln sich nicht mehr so wie früher. Aber warum? Die Lebens- und Bewegungswelt der Kinder hat sich verändert. Die räumliche Umgebung wurde vom homogenen Nahraum zum verinselten Lebensraum. Das heißt, früher wurde die Umgebung von Kindern selbstständig erobert. Die Kindergartenfreunde wohnten in der Nachbarschaft. Heute können die Kinder erst durch technische Mittel wie das Auto oder Handy ihr Umfeld erschließen. In für die Eltern sicheren Umgebungen wird die Verabredung des Kindes geplant.

Durch die stärkere Bebauung und die Zunahme der Verkehrsdichte fehlt es den Kindern an freien Spielflächen und Gärten. Die stärkere Motorisierung hat vor allem großen Einfluss auf die kindliche Bewegung. Viele, auch kurze Wege werden mit dem Auto gefahren, statt zu laufen oder mit dem Fahrrad zu fahren.

Ein weiterer stark veränderter Aspekt ist die Technisierung durch Fernseher, Computer, Spielkonsolen, Handys & Co. So verbringen die Kinder heute einen Großteil ihrer Freizeit körperlich passiv vor den attraktiven Medien.
Als Folge von zunehmender Bewegungsarmut gehen so notwendige Voraussetzungen für die kindliche Entwicklung verloren.

MOTORISCHE ENTWICKLUNG

Der Begriff „Motorik" umfasst alle Verhaltensweisen, die ein aufeinander abgestimmtes Zusammenspiel bestimmter Muskeln fordern, z. B. Greifen, Kriechen, Gehen oder Stehen. Die motorische Entwicklung findet durch ein Zusammenspiel von Reifungs- und Lernprozessen statt. Im Babyalter spielen hauptsächlich Reifungsprozesse eine Rolle. Wann ein Kind sitzen, krabbeln oder laufen kann, ist daher nicht von außen zu beeinflussen – fleißiges Üben vermag motorische Entwicklungsprozesse nicht zu beschleunigen.
Jedes Kind eignet sich diese Fähigkeiten selbst an und hat sein eigenes Entwicklungstempo. Voraussetzung ist allerdings, dass das Kind Möglichkeiten bekommt, sich seinem augenblicklichen Entwicklungsstand entsprechend motorisch zu betätigen, d. h. dass vielfältige Bewegungsmöglichkeiten und attraktive Anregungen vorhanden bzw. zugänglich sind.
Im Kleinkindalter erlernt das Kind die Grundformen der sportlichen Motorik wie Laufen oder Rennen, Klettern, Springen, Balancieren, Fangen und Werfen. Diese werden immer weiter verfeinert, werden sicherer und flüssiger. Später kommen, abhängig vom jeweiligen Bewegungsangebot im Umfeld des Kindes, neue spezifische Fertigkeiten wie Rollschuhlaufen, Schwimmen, Radfahren usw. hinzu. Die motorische Entwicklung vollzieht sich nun in erster Linie über Erfahrungs- und Lernprozesse.
Vielfältige, abwechslungsreiche Bewegungsmöglichkeiten erweitern die Bewegungserfahrung. Umfangreiche Bewegungserfahrungen sind Grundlage für zielgerichtete Bewegungen sowohl bei alltäglichen Handlungen, z. B. im Straßenverkehr, als auch bei sportmotorischen Handlungen, z. B. beim Ballspielen.
Bewegungserfahrene Kinder reagieren in Gefahrensituationen schneller und situationsangepasster. Sie entwickeln ein positives Selbstbild und sind dadurch selbstbewusster und weniger ängstlich.

KÖRPERLICHE ENTWICKLUNG

Der kindliche Organismus befindet sich im Wachstum und dafür benötigt er viel Bewegung, um sich gesund entwickeln zu können. So steigert Bewegung die Muskelkraft und stärkt die Knochen sowie das Herz-Kreislauf-System. Zudem hilft sie bei der Entwicklung einer aufrechten Körperhaltung. Auch Krankheiten kann Bewegung vorbeugen. So sind Kinder, die sich viel bewegen, seltener krank.
In Deutschland sind mit 27,5 % etwas mehr als ein Viertel der Kinder und Jugendlichen im Alter von 3 bis 17 Jahren täglich mindestens 60 Minuten körperlich aktiv und entsprechen damit der WHO-Empfehlung. Im Gegenzug erfüllen 72,5 % diese Empfehlung nicht (vgl. Robert-Koch-Institut 2014).
Insgesamt sind 15 % der Kinder und Jugendlichen von 3 bis 17 Jahren übergewichtig und 6,3 % leiden unter Adipositas. Der Anteil der Übergewichtigen steigt von 9 % bei den 3- bis 6-Jährigen über 15 % bei den 7- bis 10-Jährigen bis hin zu 17 % bei den 14- bis 17-Jährigen. Die Verbreitung von Adipositas beträgt bei den 3- bis 6-Jährigen 2,9 % und steigt über 6,4 % bei den 7- bis 10-Jährigen bis auf 8,5 % bei den 14- bis 17-Jährigen (vgl. Kurth, Rosario 2007).
Kinder aus Familien mit niedrigem sozioökonomischen Status sind deutlich häufiger von Übergewicht und Adipositas betroffen als Heranwachsende der hohen Statusgruppe.

GEISTIGE ENTWICKLUNG

Die körperliche Bewegung spielt eine tragende Rolle beim Prozess des Lernens. Denn Lernen geschieht nicht nur im Kopf, sondern auch mit Hand und Fuß und natürlich mit dem Herzen. Dieses ganzheitliche Lernen lässt sich bereits beim Neugeborenen beobachten. Am Anfang seines Lebens bewegt es seine Arme, Beine und Augen noch völlig unkoordiniert und scheinbar zufällig. Innerhalb eines Jahres schafft es das Kind aus der hilflosen Rückenlage zum Laufen. Lustvoll und mit allen Sinnen – so eignet sich das Baby seine Fähigkeiten an. Um wahrnehmen zu können, muss sich das Baby bewegen. Dadurch trainiert es seinen Gleichgewichtssinn und nimmt die Haltung seines Körpers im Raum wahr. Je mehr Sinne beteiligt sind, desto besser prägt sich der Lerngegenstand ein.
Durch Bewegung und Wahrnehmung gibt es eine bessere Vernetzung der Zellen, die sogenannte Synapsenbildung.

Bewegungserfahrungen unterstützen das Kennenlernen von kausalen Zusammenhängen. So kann das Kleinkind erkennen: Der Ball rollt, weil er rund ist. So werden Gesetzmäßigkeiten erkannt und können physikalische Zusammenhänge deutlich gemacht werden. Das Übertragen von Bekanntem auf Unbekanntes kann durch Bewegung unterstützt werden. Auch das Kennenlernen von Eigenschaften von Gegenständen geschieht in Bewegung ganz nebenbei. So braucht man für Bewegungshandlungen Informationen über Materialien. Ein Ball kann groß, klein, leicht, schwer, rau oder glatt sein. Er kann unterschiedliche Farben und Formen haben. Die kindliche Entwicklung ist geprägt durch Selbsttätigkeit und Eigenaktivität. Das äußert sich sowohl in der Bewegungsentwicklung als auch in der Sprachentwicklung der Kinder. Die folgenden Aspekte der Sprachentwicklung werden durch Bewegung unterstützt:

- spielerischer Umgang mit Sprache
- Lust am Nachahmen
- Ausprobieren von Lauten

SOZIALE ENTWICKLUNG

Wahrnehmung und Bewegung bilden eine Grundlage für das Lernen der Kinder, da vielfältige Bewegungserfahrungen auch den Aufbau von Kontakt- und Kooperationsfähigkeit unterstützen. Bewegungsangebote finden in der Gruppe statt. Es muss aufeinander Rücksicht genommen werden. Bei den vielfältigen Bewegungserfahrungen unterstützen sich die Kinder gegenseitig. Dabei nehmen sie die Gefühle und Bedürfnisse anderer Kinder wahr. Die Erfahrungen unterstützen auch die Entwicklung von Frustrationstoleranz sowie den Einsatz verschiedener angemessener Strategien im Umgang miteinander. In Bewegungsangeboten sind einige Regeln unumgänglich. Damit das gemeinsame Spiel gelingen kann, müssen sich die Kinder an die Spielregeln halten.

FOLGEN MANGELNDER BEWEGUNGSERFAHRUNGEN

Kinder mit mangelnden Bewegungserfahrungen zeigen neben den Beeinträchtigungen anderer Entwicklungsbereiche besonders negative Auswirkungen auf ihr Bewegungsverhalten. So zeigt der folgende Teufelskreis, weshalb frühzeitig Gegenmaßnahmen getroffen werden sollten:

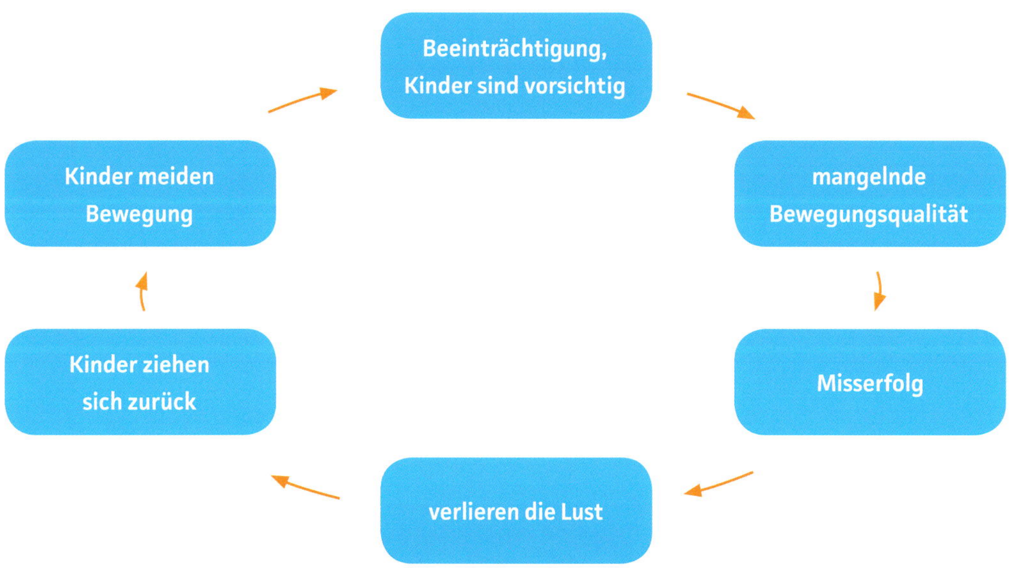

WAS SOLL DER MÜLL IN DER HALLE?

WARUM ALLTAGSMATERIALIEN GUT GEEIGNET SIND FÜR BEWEGUNGSSTUNDEN

Wenn man einen Blick in die Zimmer der Kinder wirft, findet man Unmengen an Spielsachen. Viele von diesen Spielsachen lassen aber nur begrenzt Bewegungserfahrungen und freies Ausprobieren zu.

Die wichtige Erfahrung des eigenständigen Auseinandersetzens mit dem Material und seinen Eigenschaften ist meist nicht möglich, da ein vorgegebenes Spiel kaum die Fantasie der Kinder anregt. Beim Einsatz von Alltagsmaterialien hingegen gibt es keine feste Zuordnung oder vorgegebene Spielmöglichkeiten. Die alternative Nutzung der Alltagsgegenstände fordert und fördert bei den Kindern Kreativität, Fantasie und Flexibilität, die in der heutigen Kindheit immer weniger ausgebildet werden.

Doch können diese alternativen Spielgeräte dabei neben der Kreativität auch eine Vielzahl an Bewegungsanforderungen ermöglichen und dabei spielerisch die Kinder sportmotorisch fördern. Dabei lassen sich diese Bewegungsanregungen in den Bewegungsstunden auf den Alltag der Kinder besser übertragen, da diese meist kostenlosen oder sehr günstigen Materialien im Umfeld der Kinder zu finden sind.

Alltagsmaterialen haben sowohl bei Klein- als auch bei Kindergartenkindern einen hohen Aufforderungscharakter und ermöglichen durch unterschiedliche Spiel- und Übungsformen eine positive Entwicklung der Organsysteme.
So können durch verschiedene Übungsformen sowohl die motorischen Hauptbeanspruchungsformen als auch die Koordination trainiert werden.

Die folgende Grafik stellt die fünf motorischen Hauptbeanspruchungsformen dar, die mithilfe von Alltagsmaterialien gut trainiert werden können:

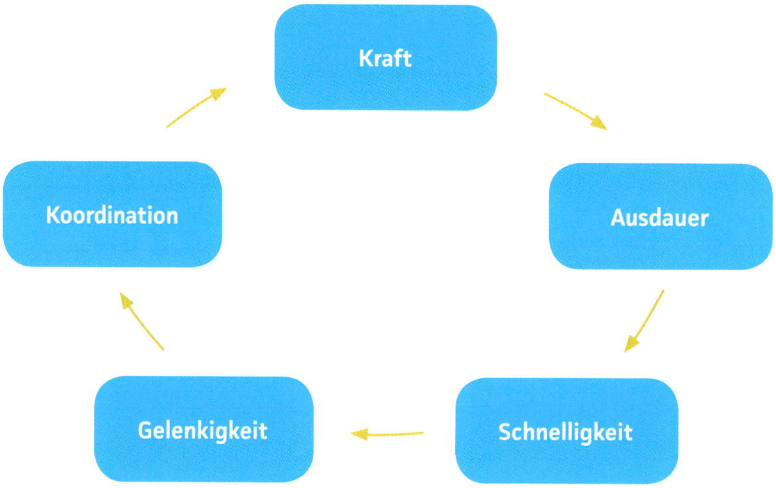

Aber auch die unterschiedlichen Arten der Koordination werden gezielt angesprochen und spielerisch erprobt. Dazu zählen das Gleichgewicht, die Reaktions-, die Orientierungs-, die Rhythmus- und die Differenzierungsfähigkeit. Die Koordination hat bei Kindern und Jugendlichen einen besonderen Stellenwert. So sind koordinative Fähigkeiten nicht angeboren, sondern müssen erlernt, gefestigt und weiterentwickelt werden. Da die Koordination eng mit der Wahrnehmung verknüpft ist, muss auch diese häufig gefördert werden.
Mit Koordinationsübungen sollte schon im frühen Kindesalter begonnen werden. Das beste koordinative Lernalter liegt etwa zwischen 6 und 12 Jahren. Anschließend wird diese Lernfähigkeit mit zunehmendem Alter langsamer.

Neben der Grob- und Feinmotorik werden außerdem die Beziehungen zu anderen Kindern und der pädagogischen Fachkraft ausgebaut. Die Auseinandersetzung mit sich selbst, der materiellen, der räumlichen sowie der sozialen Umgebung haben in Bewegungsangeboten für Kinder einen hohen Stellenwert. So setzt das Kind sich damit auseinander und verbessert seine Selbst-, Material- und Sozialkompetenzen. Mit der Zunahme der Bewegungserfahrungen und einer Förderung der Wahrnehmungsfähigkeit bildet die Bewegungserziehung somit die Basis für eine ganzheitliche Erziehung.

EINSATZ UND VERWENDUNGSMÖGLICHKEITEN VON ALLTAGSMATERIALIEN IN BEWEGUNGSSTUNDEN

Verbesserung der motorischen Hauptbeanspruchungsformen

- Kräftigung der Muskeln
- Schulung der Ausdauer
- Training der Schnelligkeit
- Training der Beweglichkeit
- Weiterentwicklung der koordinativen Fähigkeiten

Schulung der Wahrnehmungsfähigkeiten

- visuelle Auseinandersetzung mit dem Material
- auditive Auseinandersetzung mit dem Material
- taktile Auseinandersetzung mit dem Material
- kinesiologische Auseinandersetzung mit dem Material

Weiterentwicklung des kreativen Handelns

- Variation des Materialgebrauchs kennenlernen und ausprobieren
- Kombination mit anderen Materialien entwickeln
- eigene Spielideen entwickeln und weiterentwickeln

Förderung sozialer Fähigkeiten

- Weiterentwicklung der Kooperations- und Teamfähigkeit beim gemeinsamen Lösen von Aufgaben
- Förderung der Kommunikationsfähigkeit durch gemeinsame Interaktionen in Form von Bewegungs- und Wettkampfspielen
- Verbesserung der Konfliktfähigkeit und Toleranz innerhalb der Gruppe

Vorteile von Alltagmaterialien

- Alltagsgegenstände sind meist kostenlos oder sehr preiswert. Sie lassen sich leicht besorgen. Wenn man in den Läden den Zweck nennt, bekommt man die Materialien häufig günstiger oder sogar geschenkt.
- Die Alltagsmaterialien fördern spielerisch die Kreativität und lassen die Kinder eigene Spiel- und Bewegungsideen entwickeln.
- Alltagsmaterialien lassen sich vielseitig kombinieren und anwenden. Sowohl neue als auch bereits bekannte Spiel- und Sportformen lassen sich gut integrieren.
- Alltagsmaterialien haben eine große Attraktivität bei Kindern. Sie erzielen bei den Kindern einen hohen Aufforderungs- und Motivationscharakter, der zum Entdecken, Forschen und Experimentieren einlädt.
- Obwohl die Kinder mit ihnen aus dem Alltag vertraut sind, ist der Einsatz der Materialien als Bewegungsgeräte in den Bewegungsstunden neuartig.
- Das Verletzungsrisiko ist beim Spielen und Bewegen mit den Alltagsmaterialien sehr gering.
- Es wird keine große und gut ausgestattete Turnhalle benötigt. Auch bei wenig Platz und wenigen Sportgeräten können Bewegungsstunden durch Alltagsmaterialien attraktiv und vielseitig gestaltet werden.

HINWEISE ZUM UMGANG MIT ALLTAGSMATERIALIEN

Vorbereitung
Kinder (oder Eltern) können bei der Beschaffung mit einbezogen werden („Bringt bitte nächste Woche … mit").

Einstimmung/Materialkompetenz
Zu Beginn über die mitgebrachten Materialien sprechen:
- Woher kommt das Material?
- Wofür ist es eigentlich gedacht?
- Woraus besteht das mitgebrachte Material?

Einstiegsphase
Zu Beginn sind Aufgaben sinnvoll, die in der Fortbewegung gemacht werden (laufen, hüpfen, gehen …) und die Materialien einbeziehen (transportieren, rollen, werfen …).

Sicherheit
Die mitgebrachten Materialien sollten sauber und sicher sein. Das heißt, sie sollten keine scharfen Kanten haben und gut ausgespült worden sein.

Einzel-/Partner-/Gruppenaufgaben
In der Stunde sollten unterschiedliche Bewegungsaufgaben durchgeführt werden.

Bewegungsaufgaben
Gerade Alltagsmaterialien regen die Fantasie an. Durch Bewegungsaufgaben ermöglicht man den Kindern, Dinge auszuprobieren und eigene Ideen zu entwickeln (z. B. Zeitungen rollen, zerknüllen, fliegen lassen, transportieren, sich draufstellen …).

Mögliche Impulse
- Welche Möglichkeiten …?
- Probiert aus, wie …
- Welche Ideen habt ihr?
- Findet Wege …
- Sucht Lösungen …

Entspannung
Zum Ausklang der Stunde können unterschiedliche Materialien gut zur Unterstützung von Entspannungsübungen eingesetzt werden.

Aufräumen
Wenn viele einzelne Teile benutzt wurden, bieten sich zum Abschluss Aufgaben an, bei denen spielerisch alles wieder eingesammelt wird.

AUFBAU DER KREATIVEN BEWEGUNGSSTUNDEN

In Bewegungsstunden für Kinder finden wir immer eine gleiche Struktur vor:

- ***BEGRÜSSUNG***
- ***EINSTIMMUNGSPHASE***
- ***HAUPTPHASE***
- ***ABSCHLUSS DER HAUPTPHASE***
- ***AUSKLANG***
- ***VERABSCHIEDUNG***

BEGRÜSSUNG

Bei der Begrüßung ist es hilfreich, ein festes Einstiegsritual zu pflegen. Das könnte ein Begrüßungslied oder eine Handpuppe sein, die die Kinder begrüßt. Hierbei sollen die Kinder ein Zusammengehörigkeitsgefühl entwickeln. Die pädagogische Fachkraft soll bei den Kindern Motivation und Spannung erzeugen. So sind die Kinder anschließend bereit, sich auf etwas Neues einzulassen.

EINSTIMMUNGSPHASE

Die Einstimmungsphase soll den Körper, den Geist und die Seele auf die Turnstunde vorbereiten. Das heißt, die Kinder dürfen sich erst einmal so bewegen, dass sie sich entsprechend ihres eigenen Bewegungsdrangs austoben dürfen. Dabei beginnen wir mit einer niedrigen Belastungsintensität und steigern diese allmählich bis zu einer mittleren Belastungsintensität. Dabei sollten einfache Bewegungsmuster gewählt werden, die den Kindern schon bekannt sind. So gewöhnen sich die Kinder gut an den Turnraum. In dieser Phase ist die Kontaktaufnahme zu einzelnen Kindern gut möglich. Ebenso kann hier die Angst der Kinder abgebaut werden, damit sie sich auf die bevorstehende Bewegungsstunde einlassen können.

HAUPTPHASE

Die Hauptphase stellt den Hauptteil der Bewegungszeit dar. In dieser Phase wird das Thema der Stunde umgesetzt. Dabei soll den Kindern möglichst viel Eigenaktivität ermöglichen werden, um so die Selbstständigkeit zu fördern. Ein entdeckendes Lernen regt zudem die Kreativität und Fantasie an.

Wichtig ist, dabei auf einen Wechsel von An- und Entspannung zu achten, um eine Über- und Unterforderung der Kinder zu vermeiden. Auch das soziale Miteinander sollte den Kindern ermöglicht werden. Hierbei werden die Sozialformen gewechselt: Klein-, Großgruppen und Partnerwechsel sind dabei denkbar.

ABSCHLUSS DER HAUPTPHASE

In dieser Phase wird der Schwerpunkt inhaltlich und thematisch noch einmal abgerundet. So kann hier z. B. ein Ausgleich oder eine Ergänzung eingebaut werden.

Im Abschluss der Hauptphase findet die Anwendung des Erlernten im komplexen Zusammenhang ihren Platz. Ebenso kann noch ein „organisatorisches Schnäppchen" ergänzt werden. Diese Phase kündigt den Kindern den Ausklang und das Ende der Bewegungszeit an.

AUSKLANG

Im Ausklang wird ein eventuell vorhandenes höheres Erregungsniveau wieder abgebaut. Die Bewegungseinheit wird abgerundet und es findet nun ein Wechsel von der Anspannung in die Entspannung statt.

VERABSCHIEDUNG

In der Verabschiedung folgen eine kurze Reflexion der vergangenen Bewegungsstunde und ein Ausblick auf die kommende Bewegungsstunde. Die Kinder können Ihnen mitteilen, wie ihnen die Bewegungsstunde gefallen hat. Mit kindgerechten Methoden können auch die schüchternen Kinder ihre Meinung zu den Bewegungsstunden mitteilen.

Zur Verabschiedung kann ein festes Ritual zum Ausklang gepflegt werden. Zum Beispiel ein gemeinsames Abschlusslied.

In meinen Bewegungsstunden machen wir einen großen Kreis und fassen uns an den Händen. Wir laufen gemeinsam in die Mitte und sagen dabei „Und Tschüss". Bevor die Kinder zum Umziehen rausgehen, bekommt jedes Kind, das möchte, einen Stempel auf den Handrücken.

In dem Ihnen vorliegenden Buch sind die Stunden alle wie oben aufgeführt gegliedert. Dabei werden die unterschiedlichen Alltagsmaterialien in den jeweiligen Phasen der Bewegungsstunde eingesetzt. Die Bewegungsstunden sind jeweils für 45–60 Minuten konzipiert.

WÄSCHEKLAMMERN

Mit den Wäscheklammern erleben die Kinder eine vielfältige Bewegungsstunde. Dabei stehen Feinmotorik, Schnelligkeit, Kreativität und soziales Miteinander auf dem Programm. Ganz nebenbei werden auch noch die Grundfarben Rot, Gelb, Grün und Blau gelernt.

Material

- mindestens 100 Wäscheklammern in Rot, Gelb, Grün und Blau
- 1 kleines Säckchen
- 1 Ständer
- 1 Schwungtuch
- 1 Gymnastikreifen
- 4 kleine Kästen, farbig markiert in Rot, Gelb, Grün und Blau
- 1 Wäscheleine
- Gymnastikmatten
- 1 Kiste

Vorbereitung (ca. 5 Minuten)

Legen Sie eine Wäscheklammer in ein kleines Säckchen und legen Sie dieses griffbereit zur Seite für die Begrüßung.
Suchen Sie das benötigte Material zusammen. Stellen Sie den Ständer mit dem Schwungtuch auf und befestigen Sie jeweils 20 rote, grüne und gelbe Wäscheklammern an dem Schwungtuch. Dabei sollte die Höhe der Wäscheklammern so gewählt sein, dass die Kinder die Wäscheklammern problemlos abzupfen können.

BEGRÜSSUNG

Treffen Sie sich mit den Kindern im Kreis und begrüßen Sie sie. Gehen Sie anschließend gemeinsam die Anwesenheitsliste durch. Nun können Sie mit den Kindern ein Begrüßungslied singen.

EINSTIMMUNGSPHASE

MATERIALEINFÜHRUNG: TASTSÄCKCHEN

Material

- **1 Wäscheklammer**
- **1 kleines Säckchen**

Legen Sie die Wäscheklammer in ein kleines Säckchen und verschließen Sie das Säckchen. Nehmen Sie das Säckchen mit der Wäscheklammer und reichen Sie dieses im Kreis rum. Die Kinder dürfen das Säckchen befühlen. Fragen Sie die Kinder nun, was sich in dem Säckchen befinden könnte. Geben Sie jedem Kind eine Wäscheklammer und fragen Sie die Kinder, was man alles mit einer Wäscheklammer machen kann. Die Kinder dürfen ihre Ideen anschließend frei ausprobieren. Greifen Sie die Ideen der Kinder auf und lassen Sie diese, wenn nötig, von den Kindern vormachen.

SPIEL: APFELBAUM

Material

- **Ständer**
- **Schwungtuch**
- **je 20 Wäscheklammern in Rot, Gelb und Grün**
- **3 markierte Kästen in Rot, Gelb und Grün**

Stellen Sie den Apfelbaum (Ständer mit dem Schwungtuch) mit den angehängten Äpfeln (Wäscheklammern) in die Mitte der Turnhalle. Stellen Sie jeweils einen rot, gelb und grün markierten Kasten im gleichen Abstand zum Apfelbaum auf. Teilen Sie die Kinder in drei Gruppen ein: rote, gelbe und grüne Gruppe. Die Kinder stellen sich an ihren farbig markierten Kasten. Jeweils ein Kind aus der Gruppe ist dran und darf einen farbig passenden Apfel (Wäscheklammer) für die eigene Gruppe pflücken. Der gepflückte Apfel wird in den Kasten gelegt und das nachfolgende Kind wird abgeschlagen. Gewonnen hat die Mannschaft, die zuerst alle farbig passenden Äpfel gepflückt hat.

HAUPTPHASE

STATIONEN ZUM THEMA „WÄSCHEKLAMMERN IN BEWEGUNG“

Bauen Sie gemeinsam mit den Kindern die Stationen auf. Gehen Sie mit ihnen alle Stationen durch und erklären Sie die Aufgaben an den Stationen. Lassen Sie, wenn nötig, ein Kind die Aufgaben vormachen.

1. SPIEL: KLAMMERN KLAUEN

Material

- **2 Wäscheklammern pro Kind**

Die Kinder bekommen jeweils 2 Wäscheklammern, die sie an ihrer Kleidung befestigen. Dann beginnt das Spiel. Die Kinder dürfen sich gegenseitig die Wäscheklammern klauen. Die geklauten Wäscheklammern dürfen anschließend an der eigenen Kleidung befestigt werden. Wer am Ende des Spiels die meisten Wäscheklammern hat, gewinnt das Spiel.

VARIANTE OHNE VERLIERER

Material

- **2 Wäscheklammern pro Kind**
- **1 Gymnastikreifen**

Die Kinder heften sich wieder 2 Wäscheklammern an die Kleidung. Diesmal werden die geklauten Wäscheklammern in einen Gymnastikreifen in der Mitte der Turnhalle gebracht. Wer keine Wäscheklammern mehr hat, kann sich hier 2 neue Wäscheklammern holen.

2. SPIEL: KROKODIL

Material

- **1 Wäscheleine**
- **5 Wäscheklammern pro Kind**

Spannen Sie eine Wäscheleine auf etwa 20 cm Höhe in der Turnhalle. Geben Sie jedem Kind fünf Wäscheklammern, die es an der Wäscheleine befestigen darf.
Die Kinder treffen sich ca. 5 Meter entfernt von der gespannten Wäscheleine. Sie werden jetzt zu Krokodilen, die sich ihr Futter (Wäscheklammern) auf dem Bauch robbend holen müssen. Dabei dürfen sie ihr Fressen mit den Händen oder mit dem Mund holen und bringen es zu einem vorher bestimmten Futterplatz. Wer als Erster sein ganzes Futter gesammelt hat, ist das Oberkrokodil.

3. SPIEL: WÄSCHEKLAMMER-SCHLANGE

Material

- **möglichst viele Wäscheklammern**

Die Kinder finden sich zu zweit zusammen und bekommen einige Wäscheklammern. Sie sollen gemeinsam eine möglichst lange Schlange aus diesen zusammensetzen.

ABSCHLUSS DER HAUPTPHASE

Bauen Sie gemeinsam mit den Kindern die Stationen ab, anschließend bereiten Sie alles für das nächste Spiel vor.

LAUFSPIEL: WÄSCHEKLAMMERN NACH FARBEN SORTIEREN

Material

- **möglichst viele Wäscheklammern in Rot, Gelb, Grün und Blau**
- **farbig markierte Kästen in Rot, Gelb, Grün und Blau**

Verteilen Sie mit den Kindern alle Wäscheklammern in der Turnhalle. Stellen Sie jeweils einen farbig markierten Kasten (rot, gelb, grün und blau) in die vier Ecken der Turnhalle.
Die Kinder haben die Aufgabe, jeweils eine Wäscheklammer in den farbig passenden Kasten zu bringen. Das Spiel ist zu Ende, wenn alle Wäscheklammern in den Kästen liegen.

VARIANTE MIT MEHR BEWEGUNGSFORMEN

Die Kinder haben unterschiedliche Bewegungsaufgaben bei den jeweiligen Wäscheklammern: z. B. rot = rückwärtslaufen, gelb = vorwärtshüpfen, grün = auf Zehenspitzen gehen, blau = schnell laufen

AUSKLANG

ENTSPANNUNGSSPIEL: KLEINER IGEL

Material
- **1 Gymnastikmatte pro Paar**
- **ca. 20 Wäscheklammern pro Paar**

Die Kinder finden sich zu zweit zusammen. Ein Kind legt sich mit dem Bauch auf eine Gymnastikmatte. Das andere Kind bekommt 20 Wäscheklammern und darf diese auf der Rückseite des Partners befestigen. Nachdem alle Wäscheklammern angeheftet wurden, können diese wieder vorsichtig abgezogen werden. Anschließend wird getauscht und der Partner darf sich jetzt auf den Bauch legen.

VERABSCHIEDUNG

REFLEXION MIT WÄSCHEKLAMMERN

Material
- **1 rote und grüne Wäscheklammer pro Kind**
- **1 Kiste**

Legen Sie die Wäscheklammern farbig sortiert aus. Stellen Sie die leere Kiste neben die Wäscheklammern. Treffen Sie sich mit den Kindern im Kreis. Die Kinder dürfen sich eine Wäscheklammer aussuchen und in die leere Kiste legen. Dabei gilt folgende Regel:
Rot = Die Bewegungsstunde hat mir nicht gefallen.
Grün = Die Bewegungsstunde hat mir sehr gut gefallen.

Singen Sie mit den Kindern das Abschlusslied oder wählen Sie ein anderes Verabschiedungsritual. Anschließend können Sie jedem Kind einen Stempel auf den Handrücken geben.

LUFTBALLONS

Luftballons sind bei Kindern sehr beliebt und regen zudem die Bewegung an. Mit den Luftballons können unterschiedliche Bewegungsformen ausprobiert werden. Dabei wird insbesondere die Koordination gefördert. Nebenbei lernen die Kinder auch die Farben.

Material

- 1 Luftballon pro Kind
- 1 Chiffontuch pro Kind
- CD-Player
- CD mit Bewegungsmusik für Kinder
- 4 Markierungshütchen
- Gymnastikmatten

Vorbereitung (ca. 5 Minuten)

Lesen Sie sich die Bewegungsgeschichte „Der kleine Luftballon" gut durch. Suchen Sie das benötigte Material zusammen und stellen Sie dieses bereit. Pusten Sie die benötigten Luftballons auf und legen Sie diese an die Seite.

BEGRÜSSUNG

Treffen Sie sich mit den Kindern im Kreis und begrüßen Sie sie. Gehen Sie anschließend gemeinsam die Anwesenheitsliste durch. Nun können Sie mit den Kindern ein Begrüßungslied singen.

EINSTIMMUNGSPHASE

MATERIALEINFÜHRUNG: LUFTBALLON

Material

- **1 Luftballon pro Kind**

Geben Sie jedem Kind einen Luftballon und fragen Sie die Kinder, was man alles mit einem Luftballon machen kann. Die Kinder dürfen ihre Ideen anschließend frei ausprobieren. Greifen Sie die Ideen der Kinder auf und lassen Sie diese, wenn nötig, von den Kindern vormachen.

DER KLEINE LUFTBALLON: EINE BEWEGUNGSGESCHICHTE

Material

- **1 Luftballon pro Kind in unterschiedlichen Farben**
- **1 Chiffontuch pro Kind**

Geben Sie jedem Kind zum Luftballon ein Chiffontuch. Helfen Sie den Kindern, das Chiffontuch an dem Luftballon zu befestigen. Lesen Sie die Bewegungsgeschichte vor.
Wenn das Wort „Luftballon" in der Geschichte vorkommt, werfen die Kinder ihren Luftballon hoch und holen ihn am Chiffontuch wieder zurück.

Geschichte: Der kleine Luftballon

Der kleine **Luftballon** ist sehr neugierig und möchte die Welt entdecken. Morgens steht der kleine **Luftballon** auf und schaut aus dem Fenster. „Was für ein schöner sonniger Tag", stellt der kleine **Luftballon** fest.
Also zieht sich der kleine **Luftballon** schnell an und macht sich auf den Weg. Der kleine **Luftballon** wohnt direkt neben einem Zirkus. Zuerst besucht der kleine **Luftballon** den Zirkusdirektor, der gerade dabei ist, seinen Zylinder zu reinigen. Der kleine **Luftballon** geht weiter zu dem Clown, der sich das Gesicht für den Auftritt schminkt. Neben dem Schminktisch des Clowns sieht der kleine **Luftballon** die rote Nase des Clowns.
Als Nächstes besucht der kleine **Luftballon** die unterschiedlichen Tiere, die im Zirkus leben. Die beiden Hundekinder freuen sich besonders, den kleinen **Luftballon** zu sehen, und spielen

erst einmal mit ihm. Die Pferde, die so schön laufen können, grüßen den kleinen **Luftballon** und fragen, ob er heute wieder im Zirkuszelt dabei sein wird. Natürlich wird der kleine **Luftballon** da sein. Was ist schon ein Zirkus ohne kleinen **Luftballon**? Aber vor den Tigern hat der kleine **Luftballon** etwas Angst und fliegt schnell weiter.

Die Artisten machen sich schon warm und der kleine **Luftballon** beobachtet sie dabei. Wie beweglich die Artisten sind, stellt der kleine **Luftballon** erstaunt fest. Besonders spannend findet der kleine **Luftballon** die Seiltänzerin. Wenn sie in der Mitte des Seils in die Luft springt, muss der kleine **Luftballon** jedes Mal den Atem anhalten.

Langsam treffen die ersten Gäste im Zirkuszelt ein. Der kleine **Luftballon** schwebt schnell ins Zirkuszelt und sucht sich einen guten Platz. Er möchte die Show nicht verpassen.

HAUPTPHASE

STATIONEN ZUM THEMA „LUFTBALLONS IN BEWEGUNG“

Bauen Sie gemeinsam mit den Kindern die Stationen auf. Gehen Sie mit ihnen alle Stationen durch und erklären Sie die Aufgaben an den Stationen. Lassen Sie, wenn nötig, ein Kind die Aufgaben vormachen.

1. SPIEL: LUFTBALLON, FLIEG!

Material:
- **1 Luftballon pro Kind**

Die Kinder bekommen jeweils 1 Luftballon. Die Kinder haben die Aufgabe, den Luftballon mit unterschiedlichen Körperteilen in der Luft zu halten, ohne dass der Ballon den Boden berührt. Folgende Ideen sind möglich:
- mit der Hand
- abwechselnd mit der rechten und der linken Hand
- mit dem Fuß
- mit dem Ellenbogen
- mit dem Knie
- mit dem Kopf

2. SPIEL: FARBSPIEL

Material
- **1 Luftballon pro Kind**
- **CD-Player**
- **CD mit Bewegungsmusik für Kinder**

Geben Sie jedem Kind einen Luftballon. Die Kinder laufen mit ihrem Luftballon zur Musik durch die Turnhalle. Wenn die Musik stoppt, geben Sie den Kindern unterschiedliche Aufgaben.

Folgende Aufgaben sind möglich:
- Alle Kinder mit der gleichen Farbe finden sich zusammen.
- Die Kinder sollen sich in unterschiedlichen Farbkombinationen zusammenstellen, z. B.: „Jedes Kind mit einem roten Luftballon sucht sich ein Kind mit einem blauen Luftballon."
- Farbenmix, z. B. eine 3er-Gruppe mit Rot, Gelb und Grün.

3. SPIEL: LUFTBALLONTANZ

Material:
- **1 Luftballon pro Paar**
- **CD-Player**
- **CD mit Bewegungsmusik für Kinder**

Die Kinder finden sich zu zweit zusammen und bekommen einen Luftballon. Sie dürfen gemeinsam zur Musik tanzen. Dabei wird der Luftballon an unterschiedlichen Positionen zwischen den beiden Kindern eingeklemmt.

- Bauch an Bauch
- Schulter an Schulter
- Rücken an Rücken
- Kopf an Kopf
- Po an Po

ABSCHLUSS DER HAUPTPHASE

Bauen Sie gemeinsam mit den Kindern die Stationen ab, anschließend bereiten Sie alles für das nächste Spiel vor.

LAUFSPIEL: LUFTBALLONSTAFFEL

Material
- **2 Luftballons**
- **4 Markierungshütchen**

Teilen Sie die Kinder in zwei gleich große Mannschaften ein. Die Kinder einer Mannschaft stellen sich jeweils hintereinander an einem Hütchen auf. Stellen Sie die beiden anderen Hütchen etwa 10 Meter entfernt vom ersten auf.
Geben Sie dem ersten Kind in der Reihe jeweils einen Luftballon. Die Kinder sollen den Luftballon nun der Reihe nach bis zum hintersten Kind weitergeben. Sobald das hinterste Kind den Luftballon hat, darf es mit dem Luftballon nach vorne laufen und sich vor das erste Kind stellen. Das Spiel endet, wenn jedes Kind zweimal dran war.
Folgende Ideen sind möglich:
- über den Kopf weitergeben
- seitlich weitergeben
- durch die Beine weitergeben

AUSKLANG

ENTSPANNUNGSSPIEL: KÖRPERTEILE BERÜHREN

Material
- **1 Gymnastikmatte pro Paar**
- **1 Luftballon pro Paar**

Die Kinder finden sich zu zweit zusammen. Ein Kind legt sich mit dem Bauch auf eine Gymnastikmatte. Das andere Kind bekommt einen Luftballon. Das Kind soll den Partner mit dem Luftballon an verschiedenen Körperteilen berühren. Diese werden vorher von Ihnen angesagt.

- Kopf
- Schulter
- Hände
- Arme
- Rücken
- Po
- Beine
- Füße

Anschließend wird getauscht und der Partner darf sich hinlegen.

VERABSCHIEDUNG

REFLEXION MIT DEM LUFTBALLON

Material
- **1 Luftballon pro Kind**

Treffen Sie sich mit den Kindern stehend im Kreis. Jedes Kind bekommt einen Luftballon und soll diesen wie folgt festhalten:
Luftballon auf den Füßen = Die Bewegungsstunde hat mir nicht gefallen.
Luftballon über dem Kopf = Die Bewegungsstunde hat mir sehr gut gefallen.

Singen Sie mit den Kindern das Abschlusslied oder wählen Sie ein anderes Verabschiedungsritual. Anschließend können Sie jedem Kind einen Stempel auf den Handrücken geben. Wer möchte, darf seinen Luftballon gerne mit nach Hause nehmen.

TENNISBÄLLE

Tennisbälle sind durch ihre Form und Farbe ein ansprechendes Material für Kinder. In der Turnstunde werden mithilfe der Tennisbälle die Koordination, das Gleichgewicht, die Kraft und die Schnelligkeit trainiert. Dabei können die Kinder an Stationen ihr Können selbstständig ausprobieren und sich selbst neue Aufgaben stellen.

Material

- ca. 50 Tennisbälle
- 2 Turnbänke
- 4 Kisten
- 5 Toilettenpapierrollen
- 7 Markierungshütchen
- Kletterwand
- Zeitungen oder Handtücher
- Klebeband
- 5 Turnmatten
- 2 Gymnastikreifen
- 1 Kriechtunnel
- 1 Eimer
- 1 Seil
- 1 Sprossenwand
- Gymnastikmatten
- Kopiervorlage „Smileys“

Vorbereitung (ca. 5 Minuten)

Lesen Sie sich die Massagegeschichte „Der kleine Käfer“ gut durch. Kopieren Sie die Kopiervorlage „Smileys“ für jedes Kind einmal. Suchen Sie das benötigte Material zusammen und stellen Sie dieses bereit.

BEGRÜSSUNG

Treffen Sie sich mit den Kindern im Kreis und begrüßen Sie sie. Gehen Sie anschließend gemeinsam die Anwesenheitsliste durch. Nun können Sie mit den Kindern ein Begrüßungslied singen.

EINSTIMMUNGSPHASE

MATERIALEINFÜHRUNG: BALL ZUROLLEN

Material

- **1 Tennisball**

Setzen Sie sich mit den Kindern in einem Kreis zusammen. Rollen Sie den Tennisball zu einem Kind und sagen Sie dabei den Namen des Kindes. Fordern Sie das Kind auf, den Ball weiterzurollen und dabei den Namen des nächsten Kindes zu sagen. Achten Sie darauf, dass jedes Kind mindestens einmal an der Reihe war. Geben Sie jedem Kind einen Tennisball und fragen Sie die Kinder, was man alles mit einem Tennisball machen kann. Die Kinder dürfen ihre Ideen anschließend frei ausprobieren. Greifen Sie die Ideen der Kinder auf und lassen Sie diese, wenn nötig, von den Kindern vormachen.

SPIEL: DRUM HERUM

Material

- **50 Tennisbälle**

Verteilen Sie mit den Kindern die Tennisbälle in der gesamten Turnhalle.
Die Kinder haben die Aufgabe, zwischen den Tennisbällen zu laufen, ohne die Tennisbälle zu berühren. Dabei können unterschiedliche Bewegungsformen wie Laufen, Hüpfen, Rückwärtsgehen, auf Zehenspitzen laufen … etc. ausprobiert werden.

HAUPTPHASE

STATIONEN ZUM THEMA „TENNISBÄLLE IN BEWEGUNG“

Bauen Sie gemeinsam mit den Kindern die Stationen auf. Gehen Sie mit ihnen alle Stationen durch und erklären Sie die Aufgaben an den Stationen. Lassen Sie, wenn nötig, ein Kind die Aufgaben vormachen.

STATION 1: ÜBER DIE BANK ZIEHEN

Material
- **1 Turnbank**
- **1 Kiste**
- **5 Toilettenpapierrollen**
- **5 Tennisbälle**

Stellen Sie die Kiste mit den Bällen vor die Bank. Stellen Sie im Abstand von 20 cm zur Bank die fünf Toilettenpapierrollen auf.

Die Kinder haben die Aufgabe, einen Ball aus der Kiste zu nehmen und sich auf dem Bauch über die Bank zu ziehen. Dabei sollen sie den Tennisball auf einer der Toilettenpapierrollen ablegen.
Wenn alle Tennisbälle auf den Toilettenpapierrollen liegen, werden sie wieder eingesammelt und in die Kiste gelegt.

STATION 2: ZIELWERFEN

Material
- **20 Tennisbälle**
- **1 Kiste**
- **2 Markierungshütchen**
- **Kletterwand**
- **Zeitungen oder Handtücher**
- **eventuell Klebeband**

Stellen Sie die Kiste mit den Tennisbällen ca. 5 Meter entfernt von der Kletterwand auf. Neben die Kiste stellen Sie nun die beiden Markierungshütchen. Hiermit wird der Wurfbereich markiert. Befestigen Sie die Zeitungen oder Handtücher an der Kletterwand. Falls Sie keine Kletterwand haben, kleben Sie die Zeitungen als Ziele an die Wand.

Die Kinder nehmen sich immer einen Tennisball und stellen sich zwischen den beiden Markierungshütchen auf. Sie versuchen die Ziele (Zeitungen) zu treffen.

VARIANTE

Wenn es den Kindern leichtfiel, die Ziele zu treffen, können Sie den Abstand mit den Markierungshütchen vergrößern.

STATION 3: TENNISBALL ROLLEN

Material

- **15 Tennisbälle**
- **1 Kiste**
- **3 Turnmatten**
- **2 Gymnastikreifen**
- **1 Kriechtunnel**
- **5 Markierungshütchen**

Stellen Sie die Materialen auf. Klemmen Sie dafür die Gymnastikreifen zwischen die Turnmatten. Stellen Sie den Kriechtunnel hinter die Turnmatten und die Hütchen im Abstand von je 1 Meter hinter den Kriechtunnel. Zum Schluss stellen Sie die Kiste mit den Tennisbällen vor die erste Turnmatte.

Die Kinder nehmen sich nun einen Tennisball und rollen ihn durch den Parcours.

STATION 4: TENNISBÄLLE IN DEN EIMER BRINGEN

Material

- **10 Tennisbälle**
- **1 Kiste**
- **1 Eimer**
- **1 Seil**
- **1 Sprossenwand**
- **2 Turnmatten**
- **1 Turnbank**

Hängen Sie die Bank in der Sprossenwand ein. Befestigen Sie den Eimer mit einem Seil oben an der Wand. Sichern Sie den Bereich unter der Bank mit Turnmatten ab. Stellen Sie die Kiste mit den Tennisbällen vor die Bank.

Die Kinder nehmen sich einen Tennisball und klettern mit dem Tennisball die Bank hoch. Oben legen sie den Ball in den Eimer. Runter dürfen die Kinder dann rutschen.
Wenn der Eimer voll ist, wird er abgeseilt und die Tennisbälle werden wieder in die kleine Kiste getan.

ABSCHLUSS DER HAUPTPHASE

Bauen Sie gemeinsam mit den Kindern die Stationen ab, anschließend bereiten Sie alles für das nächste Spiel vor.

LAUFSPIEL: BÄLLE EINSAMMELN UND AUSRÄUMEN

Material

- **alle Tennisbälle**
- **1 Kiste**

Legen Sie alle Tennisbälle in eine Kiste.
Wählen Sie zwei Kinder aus. Diese beiden Kinder haben die Aufgabe, alle Bälle aus der Kiste rauszuwerfen. Die anderen Kinder sollen die Tennisbälle wieder einsammeln und in die Kiste zurückbringen. Das Spiel endet, wenn alle Bälle in der Kiste oder in der Turnhalle verteilt sind.

AUSKLANG

ENTSPANNUNGSGESCHICHTE: DIE KÄFERFAMILIE – EINE TENNISBALLMASSAGE

Material

- **1 Gymnastikmatte pro Paar**
- **1 Tennisball pro Paar**

Die Kinder finden sich zu zweit zusammen. Ein Kind legt sich mit dem Bauch auf eine Gymnastikmatte. Das andere Kind bekommt einen Tennisball. Lesen Sie den Kindern die Geschichte „Die Käferfamilie“ vor. Erklären Sie die passenden Bewegungen zu der Geschichte oder machen Sie diese an einem Kind vor.
Anschließend wird getauscht und die Geschichte ein zweites Mal vorgelesen.

Geschichte: Die Käferfamilie

Familie Käfer sucht ein schönes Plätzchen für den Winterschlaf. Die ganze Familie macht sich gemeinsam auf die Suche. Dabei laufen sie hintereinander.

den Tennisball im Zickzack über den Rücken rollen

Ganz vorne läuft Papa Käfer.

den Tennisball mit Druck von unten nach oben rollen

Dahinter läuft Mama Käfer.

den Tennisball mit Druck von unten nach oben rollen

Hinter Mama läuft die Käfertochter Johanna.

den Tennisball mit weniger Druck von unten nach oben rollen

Zum Schluss trippelt der kleine Käfer Christoph.
den Tennisball ganz leicht von unten nach oben über den Rücken rollen

Sie spazieren kreuz und quer durch den Wald.
den Tennisball hin und her rollen

Sie spazieren auch hin und her durch den Garten von Bauer Stephan.
den Tennisball kreuz und quer rollen

Sie laufen um den großen Kastanienbaum herum.
den Tennisball auf dem Rücken kreisen

Und da sieht Papa Käfer das Insektenhotel. Gemeinsam laufen sie schnell hin.
den Tennisball schnell von oben nach unten und von links nach rechts rollen

Vor dem Insektenhotel liegt ein großer Blätterhaufen. Ganz langsam laufen alle unter die Blätter.
der Tennisball rollt langsamer und langsamer

VERABSCHIEDUNG

REFLEXION MIT TENNISBÄLLEN

Material
- **1 Tennisball pro Kind**
- **2 Kisten**
- **Kopiervorlage „Smileys"**
- **Klebeband**

Stellen Sie zwei kleine Kisten mit den unterschiedlichen Smileys auf: einem lachenden und einem traurigen Smiley für jedes Kind
Geben Sie jedem Kind einen Tennisball. Die Kinder haben die Aufgabe, den Tennisball entsprechend ihrer Gefühle in die passende Kiste zu legen.

Trauriger Smiley – Die Bewegungsstunde hat mir nicht gefallen.
Lachender Smiley = Die Bewegungsstunde hat mir sehr gut gefallen.

Singen Sie mit den Kindern das Abschlusslied oder wählen Sie ein anderes Verabschiedungsritual. Anschließend können Sie jedem Kind einen Stempel auf den Handrücken geben.

BECHER

Mit den Bechern können die Kinder eine Stunde zum Ausprobieren und Experimentieren erleben. Dabei stehen die Farben der Becher im Vordergrund. Mithilfe der Spiele werden Schnelligkeit, Geschicklichkeit und Differenzierungsfähigkeit geschult.

Material

- mindestens 50 Becher in den Farben Gelb, Grün, Blau, Orange, Pink und Türkis
- 1 Ball
- Kreppband
- 1 Kiste
- 3 Tischtennisbälle
- 2 Tennisbälle
- 4 Markierungshütchen
- Gymnastikmatten
- Kopiervorlage „Smileys“

Vorbereitung (ca. 5 Minuten)

Lesen Sie sich die beiden Geschichten „Im Farbenland“ sowie „Fantasiereise ins Land der Farben“ gut durch. Kopieren Sie die Kopiervorlage „Smileys“ für jedes Kind einmal. Suchen Sie das benötigte Material zusammen und stellen Sie dieses bereit.

BEGRÜSSUNG

Treffen Sie sich mit den Kindern im Kreis und begrüßen Sie sie. Gehen Sie anschließend gemeinsam die Anwesenheitsliste durch. Nun können Sie mit den Kindern ein Begrüßungslied singen.

EINSTIMMUNGSPHASE

MATERIALEINFÜHRUNG: BECHER

Material

- **1 Becher pro Kind**

Geben Sie jedem Kind einen Becher und überlegen Sie gemeinsam mit den Kindern, was man alles mit einem Becher machen kann. Die Kinder dürfen ihre Ideen anschließend frei ausprobieren. Greifen Sie die Ideen der Kinder auf und lassen Sie diese, wenn nötig, von den Kindern vormachen.

BEWEGUNGSGESCHICHTE: IM FARBENLAND – EINE BEWEGUNGSGESCHICHTE

Material

- **mindestens 50 Becher in den Farben Gelb, Grün, Blau, Orange, Pink und Türkis**

Verteilen Sie mit den Kindern die Becher in der gesamten Turnhalle. Stellen Sie die Becher mit der Öffnung nach unten auf.
Lesen Sie den Kindern die Geschichte „Im Farbenland" vor. Wenn in der Geschichte eine Farbe genannt wird, laufen die Kinder zum passenden Becher und berühren diesen.

Geschichte: Im Farbenland

Heute machen wir einen Ausflug ins Farbenland. Im Farbenland gibt es viele verschiedene Farben zu entdecken: **Gelb** wie die Sonne. **Grün** wie die Wiese. **Blau** wie das Wasser. **Pink** wie der Flamingo. **Orange** wie die Orange. Und **Türkis** wie der Edelstein.
Wir fliegen mit dem Flugzeug los. Auf dem Flugzeug klebt ein **orangefarbenes** Logo. Dabei starten wir der **gelben** Sonne entgegen. Über den Wolken ist der Himmel strahlend **blau**. Schon bei der Landung können wir die vielen Farben des Farbenlandes sehen.

Im Farbenland angekommen können wir viel entdecken. Hier ist alles viel bunter. Die kleinen Schildkröten am Strand sind nicht **grün**, sondern **pink**. Und sie laufen nicht über **gelben** Sand, sondern über **türkisfarbenen**.

Die Palmen haben hier **blaue** Blätter. Und die sonst **gelben** Bananen sind **orange**. Wir bauen unser buntes Zelt auf. Es hat **grüne**, **pinkfarbene** und **türkisfarbene** Streifen. Nach der langen Reise sind wir so müde, dass wir uns auf unserer **blauen** Luftmatratze ausruhen.

Nach der Pause geht es weiter. Wir machen uns auf den Weg in den Dschungel. Ein **grün** gestreifter Tiger streift durch das hohe **blaue** Gras. Und die **türkisfarbenen** Vögel sitzen auf den **orangefarbenen** Blättern und schauen uns ganz neugierig an. Ein bisschen weiter im Dschungel sitzt ein **gelber** Affe auf dem Baum und isst eine **orangefarbene** Banane.

Es gibt so viele bunte Tiere zu entdecken. Welche habt ihr denn entdecken können? (Ideen der Kinder aufgreifen)

Leider müssen wir wieder nach Hause fliegen. Zu Hause erzählen wir von den vielen bunten Tieren in **Grün**, **Gelb**, **Pink**, **Türkis**, **Blau** und **Orange**.

HAUPTPHASE

STATIONEN ZUM THEMA „BECHER IN BEWEGUNG“

Bauen Sie gemeinsam mit den Kindern die Stationen auf und gehen Sie diese mit ihnen durch. Erklären Sie die einzelnen Aufgaben an den Stationen. Lassen Sie, wenn nötig, ein Kind die Aufgaben vormachen.

STATION 1: BECHERKEGELN

Material

- **9 Becher**
- **1 Ball**
- **Kreppband**

Stellen Sie die neun Becher wie Kegel auf. Kleben Sie von diesen ca. 5–7 Meter entfernt mit dem Kreppband eine 1 Meter lange Linie auf den Boden. Diese dient als Startlinie zum Kegeln. Legen Sie den Ball neben das Kreppband.

Die Kinder haben nun die Aufgabe, mit dem Ball möglichst viele Kegel umzukegeln. Dabei haben sie drei Versuche. Wenn alle Kegel umgekegelt wurden, dürfen die Kinder die Kegel gemeinsam wieder aufstellen.

STATION 2: BECHER-GOLF

Material

- **3 blaue Becher**
- **3 gelbe Becher**
- **3 grüne Becher**
- **Kreppband**

Kleben Sie mit dem Kreppband ein Zielquadrat mit ca. 1 × 1 Meter Längenmaß auf den Boden. In der Mitte markieren Sie noch ein weiteres kleineres Quadrat auf dem Boden. Zuletzt kleben Sie ca. 3 Meter entfernt vom Zielquadrat eine Startlinie. Stellen Sie die Becher farbig sortiert neben diese.

Bis zu drei Kinder können hier mitspielen. Jedes Kind bekommt die drei Becher in einer Farbe. Die Kinder haben die Aufgabe, abwechselnd ihre Becher ins Zielquadrat gleiten zu lassen. Dafür müssen sie ihre Becher umdrehen.
Das Kind, dessen eigener Becher am Schluss am nächsten zur Mitte steht, hat gewonnen.

STATION 3: TURMBAU

Material

- **so viele Becher wie möglich**
- **1 Kiste**

Stellen Sie die Becher in einer Kiste hin.

Die Kinder versuchen, aus den Bechern einen möglichst hohen Turm zu bauen. Wenn der Turm umgefallen ist, räumen die Kinder die Becher wieder in die Kiste.

STATION 4: FANG DEN BALL

Material

- **3 Becher**
- **3 Tischtennisbälle**

Stellen Sie die Becher hin und legen Sie jeweils einen Tischtennisball in einen Becher.

Die Kinder nehmen sich einen Becher und einen Tischtennisball. Sie sollen den Tischtennisball auf den Boden tippen lassen und anschließend mit ihrem eigenen Becher wieder auffangen.

Abschluss der Hauptphase

Bauen Sie gemeinsam mit den Kindern die Stationen ab, anschließend bereiten Sie alles für das nächste Spiel vor.

Staffelspiel: Tennisbälle balancieren

Material

- **1 Becher pro Kind**
- **2 Tennisbälle**
- **4 Markierungshütchen**

Stellen Sie zwei Markierungshütchen als Startpunkte für zwei Mannschaften auf. Ein weiteres Markierungshütchen wird ca. 10 Meter entfernt für jede Mannschaft platziert. Legen Sie jeweils einen Tennisball zum Startpunkt und teilen Sie die Kinder in zwei Mannschaften auf. Die beiden Mannschaften stellen sich nun an einen der Startpunkte. Geben Sie jedem Kind einen Becher.
Das erste Kind jeder Mannschaft legt den Tennisball in den Becher und läuft dann mit diesem um das zweite Hütchen herum und wieder zurück. Am Startpunkt übergeben die Kinder den Tennisball an das nächste Kind. Wer fertig ist, setzt sich auf den Po. Gewonnen hat die Mannschaft, bei der alle Kinder zuerst sitzen.

Alternative

Statt den Tennisball im Becher zu transportieren, sollen die Kinder den Tennisball auf dem Becherboden balancierend transportieren. Das erfordert deutlich mehr Geschicklichkeit.

Ausklang

Fantasiereise ins Land der Farben

Material

- **1 Gymnastikmatte pro Kind**

Die Kinder legen sich auf die Gymnastikmatten. Lesen Sie den Kindern die Fantasiereise vor. Versuchen Sie, dabei besonders langsam zu lesen.

Geschichte: Fantasiereise ins Land der Farben

Lege dich gemütlich auf deine Matte. Decke dich zu. Schließe deine Augen. Atme einmal tief ein und wieder aus. Nun kann deine Reise ins Land der Farben beginnen.

Wir laufen über die Wiese und vor uns strahlt ein großer Regenbogen. Der blaue Himmel über uns ist immer noch strahlend hell und es ist keine Wolke zu sehen, aber der Regenbogen steht direkt vor uns. Er leuchtet so schön mit seinen Farben. Es sieht so aus, als wäre der Regenbogen ein Eingang. Ein Eingang ins Land der Farben.
Du gehst durch das Tor und kannst dabei die schönen Farben sehen: Rot, Orange, Gelb, Grün, Blau und Violett. Du freust dich über die schönen Farben des Regenbogens.
Hinter dem Regenbogen kommst du in eine Welt aus den Farben des Regenbogens. Der klare blaue See erstreckt sich vor dir. Das Wasser ist angenehm kühl. Du kühlst deine Stirn mit dem Wasser.
Hinter dem blauen See ist eine schöne grüne Wiese. Auf der Wiese hoppeln ein paar Hasen umher. Die Wiese riecht angenehm und du legst dich ins Gras. Dabei wirst du ganz ruhig.
Während du auf der Wiese liegst, kitzeln dich die gelben Sonnenstrahlen an der Nasenspitze. Die Sonne wärmt dich. Dir wird ganz warm.
Über dir fliegt ein violetter Schmetterling. Du fühlst dich gut und stark und folgst dem Schmetterling. Er führt dich über die Wiese hinweg zu einem Lagerfeuer.
Du setzt dich ganz gemütlich ans Lagerfeuer und beobachtest die roten und orangefarbenen Flammen. Sie strahlen viel Wärme aus. Sie geben dir viel Energie und Kraft. Du fühlst dich gut.
Deine Reise geht langsam zu Ende. Du kommst zurück durch das Regenbogentor. Noch einmal schaust du dir die bunten Farben des Regenbogens an.
Komme langsam wieder in der Turnhalle an. Öffne deine Augen. Bewege deine Füße und Hände. Setz dich langsam wieder hin. Recke und strecke dich noch, bevor du aufstehst.

VERABSCHIEDUNG

REFLEXION MIT SMILEYS IM BECHER

Material

- **1 Becher**
- **Kopiervorlage „Smileys“**

Treffen Sie sich mit den Kindern im Kreis und stellen Sie einen Becher in die Mitte. Geben Sie nun jedem Kind die zwei Smileys.
Die Kinder haben die Aufgabe, einen Smiley auszuwählen, je nachdem, wie ihnen die Bewegungsstunde gefallen hat, und in den Becher zu legen.
Trauriger Smiley = Die Bewegungsstunde hat mir nicht gefallen.
Lachender Smiley = Die Bewegungsstunde hat mir sehr gut gefallen.

Singen Sie mit den Kindern das Abschlusslied oder wählen Sie ein anderes Verabschiedungsritual. Anschließend können Sie jedem Kind einen Stempel auf den Handrücken geben.

POOLNUDELN

Poolnudeln kennen die Kinder eigentlich eher aus dem Schwimmbad. Doch auch in Bewegungsstunden bieten diese eine Vielzahl an Bewegungsmöglichkeiten. Die Kinder nutzen die Poolnudeln, um ihre Kraft, Ausdauer und ihr Gleichgewicht zu fördern.

Material

- 1 große Poolnudel pro Kind
- CD-Player
- CD mit Bewegungsmusik
- 2 Turnbänke
- 3 Turnmatten
- 50 Poolnudelsticks
- 2 Markierungshütchen
- 1 Schwungtuch
- 2 Kisten
- Kopiervorlage „Smileys“
- Klebeband

Vorbereitung (ca. 3 Minuten)

Kopieren Sie die Kopiervorlage „Smiley“ einmal. Suchen Sie das benötigte Material zusammen und stellen Sie dieses bereit.

BEGRÜSSUNG

Treffen Sie sich mit den Kindern im Kreis und begrüßen Sie sie. Gehen Sie anschließend gemeinsam die Anwesenheitsliste durch. Nun können Sie mit den Kindern ein Begrüßungslied singen.

EINSTIMMUNGSPHASE

MATERIALEINFÜHRUNG: POOLNUDEL

Material

- **1 Poolnudel**

Treffen Sie sich mit den Kindern im Kreis. Geben Sie die Poolnudel im Kreis herum und fragen Sie die Kinder, woher Sie die Poolnudel vielleicht schon kennen. Geben Sie jedem Kind eine Poolnudel und fragen Sie die Kinder, was man alles mit einer Poolnudel machen kann. Die Kinder dürfen Ihre Ideen anschließend frei ausprobieren. Greifen Sie die Ideen der Kinder auf und lassen Sie diese, wenn nötig, von den Kindern vormachen.

SPIEL: POOLNUDEL REITEN

Material

- **1 Poolnudel pro Kind**

Geben Sie jedem Kind eine Poolnudel. Die Kinder dürfen sich die Poolnudel wie ein Pferd zwischen die Beine klemmen und damit durch die Turnhalle laufen.

VARIANTE

Material
- **1 Poolnudel pro Kind**
- **CD-Player**
- **CD mit Bewegungsmusik**

Die Kinder laufen zur Musik durch die Turnhalle. Bei Musikstopp rufen Sie Oxer, Wassergraben oder Doppeloxer. Die Kinder führen dann folgende Bewegungen aus:

Oxer: einmal springen und wieder landen.
Wassergraben: stehen bleiben und mit dem Finger an der Lippe Wasserblubbern darstellen.
Doppeloxer: zweimal hintereinander springen und wieder landen.

HAUPTPHASE

STATIONEN ZUM THEMA „POOLNUDELN IN BEWEGUNG“

Bauen Sie gemeinsam mit den Kindern die Stationen auf und gehen Sie diese mit ihnen durch. Erklären Sie die einzelnen Aufgaben an den Stationen. Lassen Sie, wenn nötig, ein Kind die Aufgaben vormachen.

1. STATION: ROLLSPASS

Material
- **2 Turnbänke**
- **2 Turnmatten**
- **50 Poolnudelsticks**

Stellen Sie die beiden Turnbänke parallel nebeneinander auf. Legen Sie jeweils eine Turnmatte vorne und hinten an die beiden Turnbänke. Abschließend legen Sie die Poolnudelsticks zwischen den beiden Turnbänken und Turnmatten auf den Boden.

Die Kinder rollen sich über die Poolnudelsticks. Dabei können sie sich sowohl auf dem Bauch als auch auf dem Rücken über diese bewegen.

2. STATION: SCHWERTKAMPF

Material

- **1 Turnmatte**
- **2 Poolnudeln**

Legen Sie die Turnmatte auf den Boden und legen Sie die beiden Poolnudeln darauf.

Die Kinder dürfen sich mit den beiden Poolnudeln wie Ritter mit ihren Schwertern bekämpfen. Dabei sollen die Kinder auf der Turnmatte bleiben.

Sagen Sie den Kindern, dass sie bitte nicht auf den Kopf schlagen sollen.

3. STATION: POOLNUDELWEITWURF

Material

- **4 Poolnudeln**
- **2 Markierungshütchen**

Stellen Sie die beiden Markierungshütchen im Abstand von ca. 1,5 Metern voneinander entfernt auf. Der Bereich dazwischen dient als Abwurflinie.

Die Kinder nehmen sich eine Poolnudel und halten sie wie einen Speer. Sie versuchen die Poolnudel so weit wie möglich zu werfen.

4. STATION: TROMMELN

Material
- **4 Poolnudeln**

Die Kinder nehmen sich eine Poolnudel und setzen sich auf dem Boden. Mit der Poolnudel versuchen sie einen Rhythmus zu trommeln. Jetzt kann geraten werden, um welches Lied es sich handelt.

ABSCHLUSS DER HAUPTPHASE

Bauen Sie gemeinsam mit den Kindern die Stationen ab, anschließend bereiten Sie alles für das nächste Spiel vor.

NUDELSALAT: EIN SCHWUNGTUCHSPIEL

Material
- **Poolnudelsticks**
- **1 Schwungtuch**

Legen Sie das Schwungtuch gemeinsam mit den Kindern auf den Boden. Legen Sie nun die Poolnudelsticks auf das Schwungtuch und verteilen Sie sich mit den Kindern um das Tuch herum.
Heben Sie gemeinsam das Schwungtuch an, ohne dass eine Poolnudel herunterfällt. Machen Sie mit den Kindern Wellen, sodass sich die Poolnudeln gut vermischen.

VARIANTE

Versuchen Sie mit den Kindern, durch gemeinsames gleichzeitiges Anheben des Schwungtuchs die Poolnudeln so hoch wie möglich fliegen zu lassen.
Zum Ende können Sie mit den Kindern gemeinsam in die Mitte laufen, sodass die Poolnudeln runterfallen.

AUSKLANG

ENTSPANNUNGSSPIEL: RÜCKEN ABROLLEN

Material

- **1 Poolnudelstick pro Kind**

Die Kinder setzen sich in einem Kreis mit dem Rücken zueinander hin. Geben Sie jedem Kind einen Poolnudelstick. Mit der kleinen Poolnudel dürfen die Kinder ihrem Vordermann über den Rücken rollen.

VERABSCHIEDUNG

REFLEXION MIT DER POOLNUDEL

Material

- **2 Kisten**
- **Kopiervorlage „Smileys"**
- **Klebeband**
- **1 Poolnudel**

Stellen Sie die beiden Kisten in die Mitte. Kleben Sie jeweils einen der Smileys auf die Kiste. Treffen Sie sich mit den Kindern im Kreis. Geben Sie den Kindern der Reihe nach die Poolnudel. Die Kinder haben die Aufgabe, mit der Poolnudel auf die passende Kiste zu schlagen.
Wenn ihnen die Bewegungsstunde gut gefallen hat, schlagen sie auf die Kiste mit dem lachenden Smiley.
Wenn den Kindern die Bewegungsstunde nicht gefallen hat, schlagen sie mit der Poolnudel auf die Kiste mit dem traurigen Smiley.

Singen Sie mit den Kindern das Abschlusslied oder wählen Sie ein anderes Verabschiedungsritual. Anschließend können Sie jedem Kind einen Stempel auf den Handrücken geben.

BIERDECKEL

Obwohl Bierdeckel so simpel sind, können sie vielfältig in einer Turnstunde genutzt werden. Die Kinder können kreativ eigene Bewegungsformen entwickeln und fördern spielerisch ihre Schnelligkeit, Gleichgewichtsfähigkeit, Kooperationsfähigkeit und Ausdauer.

Material

- 200 Bierdeckel mit einer farbigen und einer weißen Seite
- CD-Player
- CD mit Bewegungsmusik
- 4 Markierungshütchen
- 1 Kiste
- 1 Würfel
- Gymnastikmatten

Vorbereitung (ca. 2 Minuten)

Suchen Sie das benötigte Material zusammen und stellen Sie dieses bereit.

BEGRÜSSUNG

Treffen Sie sich mit den Kindern im Kreis und begrüßen Sie sie. Gehen Sie anschließend gemeinsam die Anwesenheitsliste durch. Nun können Sie mit den Kindern ein Begrüßungslied singen.

EINSTIMMUNGSPHASE

MATERIALEINFÜHRUNG: BIERDECKEL

Material

- **1 Bierdeckel pro Kind**

Treffen Sie sich mit den Kindern im Kreis. Geben Sie jedem Kind einen Bierdeckel und fragen Sie die Kinder, was man alles mit einem Bierdeckel machen kann. Die Kinder dürfen ihre Ideen anschließend frei ausprobieren. Greifen Sie die Ideen der Kinder auf und lassen Sie diese, wenn nötig, von den Kindern vormachen.

SPIEL: BIERDECKEL BERÜHREN

Material

- **200 Bierdeckel**
- **CD-Player**
- **CD mit Bewegungsmusik für Kinder**

Verteilen Sie gemeinsam mit den Kindern alle Bierdeckel auf dem Boden der Turnhalle. Die Kinder laufen zur Musik durch die Turnhalle. Beim Stoppen der Musik sucht sich jedes Kind einen Bierdeckel und stellt sich auf diesen. Neben dem Laufen zur Musik können die Kinder auch andere Bewegungsformen ausprobieren, sich zu bewegen: Hüpfen, Sich-Drehen, Rückwärtslaufen, Auf-Linien-Laufen u. v. m.

VARIANTE

Die Kinder laufen zur Musik durch die Turnhalle. Bei Musikstopp sollen die Kinder so viele Bierdeckel wie möglich mit dem genannten Körperteil berühren. So nennen Sie bei Musikstopp z. B. ein Körperteil wie Hand, Finger, Ellenbogen, Kopf, Fuß, Knie oder Gesäß.

HAUPTPHASE

STATIONEN ZUM THEMA „BIERDECKEL IN BEWEGUNG“

Bauen Sie gemeinsam mit den Kindern die Stationen auf. Gehen Sie mit ihnen alle Stationen durch und erklären Sie die Aufgaben an den Stationen. Lassen Sie, wenn nötig, ein Kind die Aufgaben vormachen.

1. SPIEL: AUF BIERDECKELN LAUFEN

Material

- **200 Bierdeckel**

Die Bierdeckel liegen verteilt auf dem Boden der Turnhalle. Die Kinder haben die Aufgabe, nur auf den Bierdeckeln zu laufen und den Boden der Turnhalle nicht zu berühren.

2. SPIEL: BIERDECKEL TRANSPORTIEREN

Material

- **1 Bierdeckel pro Kind**

Geben Sie jedem Kind einen Bierdeckel. Die Kinder haben zuerst die Aufgabe, den Bierdeckel durch die Turnhalle zu transportieren, ohne dass der Deckel auf den Boden fällt. Dabei dürfen die Kinder frei experimentieren.
Anschließend geben Sie den Kindern Aufgaben zum Transportieren des Bierdeckels:

- auf der Hand balancieren
- auf dem Arm balancieren
- auf dem Kopf balancieren
- im Vierfüßlerstand auf dem Rücken balancieren
- auf einer Schulter balancieren
- zwischen den Knien einklemmen
- zwischen den Ellenbogen einklemmen

Auch zu zweit können die Kinder versuchen, einen Bierdeckel durch die Turnhalle zu transportieren, ohne dass der Bierdeckel auf den Boden fällt.

- zwischen den Händen transportieren
- zwischen den Schultern transportieren
- zwischen den Hüften transportieren
- zwischen den Köpfen transportieren

3. SPIEL: BIERDECKEL UMDREHEN

Material

- **200 Bierdeckel mit unterschiedlichen Seiten**

Teilen Sie die Kinder in zwei Gruppen ein und geben Sie jeder Gruppe etwa 100 Bierdeckel. Die erste Gruppe hat die Aufgabe, alle ihre Bierdeckel mit der farbigen Seite nach oben auf dem Boden der Turnhalle zu verteilen. Die zweite Gruppe hat die Aufgabe, ihre Bierdeckel mit der weißen Seite nach oben auf dem Boden der Turnhalle zu verteilen. Wenn alle Bierdeckel verteilt sind, geht das Spiel los.
Die erste Gruppe probiert, möglichst viele Bierdeckel mit der farbigen Seite nach oben zu drehen. Die zweite Gruppe versucht, möglichst viele Bierdeckel mit der weißen Seite nach oben zu drehen. Nach einer bestimmten Zeit geben Sie ein Stoppsignal und es dürfen keine weiteren Bierdeckel mehr umgedreht werden. Die Gruppe, die die meisten Bierdeckel mit der eigenen Farbe nach oben liegend hat, gewinnt das Spiel.

4. SPIEL: BIERDECKEL-STAFFEL

Material

- **4 Markierungshütchen**
- **20 Bierdeckel**

Stellen Sie die Hütchen jeweils 10 Meter voneinander entfernt für die beiden Gruppen auf. Teilen Sie die Kinder in zwei Gruppen ein.
Die Gruppen gehen jeweils zu ihrem Markierungshütchen und bekommen von Ihnen 10 Bierdeckel. Jetzt haben sie die Aufgabe, dass alle Kinder der Gruppe mithilfe der Bierdeckel auf die andere Seite (10 Meter entferntes Markierungshütchen) kommen. Dabei darf immer nur jeweils ein Körperteil einen Bierdeckel berühren. Die Gruppe, die als Erstes alle Kinder auf die andere Seite bekommen hat, gewinnt das Spiel.

Tipp: Wenn die Kinder nicht von alleine auf die Idee kommen, dass sie sich dabei unterstützen müssen, geben Sie ihnen Hilfestellung.

ABSCHLUSS DER HAUPTPHASE

Bauen Sie gemeinsam mit den Kindern die Stationen ab, anschließend bereiten Sie alles für das nächste Spiel vor.

LAUFSPIEL: BIERDECKEL MIT DEM WÜRFEL EINSAMMELN

Material

- **200 Bierdeckel**
- **1 Kiste**
- **1 Würfel**

Verteilen Sie mit den Kindern alle Bierdeckel in der Turnhalle. Stellen Sie einen Kasten in die Mitte der Turnhalle. Die Kinder haben die Aufgabe jeweils einmal zu würfeln und die passende Anzahl an Bierdeckeln einzusammeln und in die Kiste zu bringen.
Das Spiel ist zu Ende, wenn alle Bierdeckel eingesammelt wurden.

VARIANTE

Die Kinder haben bei unterschiedlich gewürfelten Augenzahlen unterschiedliche Bewegungsformen beim Einsammeln der Bierdeckel zu befolgen:

1 = rückwärtslaufen
2 = vorwärtshüpfen
3 = auf Zehenspitzen gehen
4 = schnell laufen
5 = seitlich hüpfen (Seitgalopp)
6 = auf den Fersen gehen

AUSKLANG

ENTSPANNUNGSSPIEL: DECKE AUS BIERDECKELN

Material

- **1 Gymnastikmatte pro Paar**
- **ca. 20 Bierdeckel pro Paar**

Die Kinder finden sich zu zweit zusammen. Ein Kind legt sich mit dem Bauch auf eine Gymnastikmatte. Das andere Kind bekommt 20 Bierdeckel und darf diese auf die Rückseite des Partners legen. Nachdem alle Bierdeckel verteilt wurden, darf das liegende Kind entscheiden, ob die Bierdeckel vom Partner einzeln wieder abgenommen werden oder ob das Kind die Bierdeckel abschüttelt.

VERABSCHIEDUNG

REFLEXION MIT BIERDECKELN

Material

- **1 Bierdeckel pro Kind**

Treffen Sie sich mit den Kindern im Kreis. Geben Sie jedem Kind einen Bierdeckel mit einer weißen und einer farbigen Seite. Die Kinder sollen den Bierdeckel nach folgender Regel vor sich ablegen:

Farbige Seite oben: Die Turnstunde hat mir gut gefallen.
Weiße Seite oben: Die Turnstunde hat mir nicht gefallen.

Singen Sie mit den Kindern das Abschlusslied oder wählen Sie ein anderes Verabschiedungsritual. Anschließend können Sie jedem Kind einen Stempel auf den Handrücken geben.

ZEITUNGEN

Zeitungen sind ein sehr vielseitiges Spielmaterial und einfach zu organisieren. Dabei lassen sich Zeitungen sehr gut lagern und sind daher auch für spontane Turnstunden gut geeignet. In der Turnstunde werden Koordination, Schnelligkeit, Kooperationsfähigkeit und Kraft mithilfe der Zeitungen geübt.

Material

- 50 doppelte Zeitungsblätter
- 1 CD-Player
- 1 CD mit Bewegungsmusik
- Markierungshütchen
- 1 Wäscheklammer pro Kind
- 1 Mülleimer
- 1 Kasten
- Gymnastikmatten

Vorbereitung (ca. 2 Minuten)

Lesen Sie sich die Bewegungsgeschichte „Ausflug in den Wald“ gut durch. Suchen Sie das benötigte Material zusammen und stellen Sie dieses bereit.

BEGRÜSSUNG

Treffen Sie sich mit den Kindern im Kreis und begrüßen Sie sie. Gehen Sie anschließend gemeinsam die Anwesenheitsliste durch. Nun können Sie mit den Kindern ein Begrüßungslied singen.

EINSTIMMUNGSPHASE

MATERIALEINFÜHRUNG: ZEITUNG

Material

- **1 Zeitung**

Treffen Sie sich mit den Kindern im Kreis. Nehmen Sie eine Zeitung und lesen Sie den Kindern etwas daraus vor. Fragen Sie die Kinder nach ca. 1 Minute, ob Sie weiterlesen sollen. Überlegen Sie mit den Kindern, was man noch alles mit einer Zeitung machen könnte, außer vorzulesen. Die Kinder dürfen ihre Ideen anschließend frei ausprobieren. Greifen Sie die Ideen der Kinder auf und lassen Sie diese, wenn nötig, von den Kindern vormachen.

BEWEGUNGSGESCHICHTE MIT DER ZEITUNG

Material

- **1 Zeitungsblatt pro Kind**

Geben Sie jedem Kind ein Zeitungsblatt. Lesen Sie die Geschichte „Ausflug in den Wald“ vor. Sagen Sie den Kindern die passenden Bewegungen dazu an oder machen Sie selbst die Bewegungen vor.

Bewegungsgeschichte: „Ausflug in den Wald“

Es ist ganz früh am Morgen und wir liegen noch in unserem Bett.
die Kinder liegen auf dem Boden

Der Wecker klingelt und wir stehen auf.
die Kinder stehen gähnend auf und räkeln und strecken sich

Heute wollen wir einen Ausflug in den Wald machen. Schnell ziehen wir uns an.
pantomimisch werden alle Sachen angezogen

Und laufen aus dem Haus hinaus.

die Kinder laufen durch den Raum

Oh nein, ausgerechnet jetzt fängt es an zu regnen. Gut, dass wir einen Regenschutz dabeihaben.

die Kinder nehmen ihre Zeitung und halten sie sich über den Kopf

Jetzt sind wir an einem Bach angelangt und springen mit Anlauf darüber.

die Kinder legen die Zeitung vor sich auf den Boden, nehmen ein paar Schritte Anlauf und springen über die Zeitung

Wir gehen auf dem verregneten Waldweg entlang. Dabei müssen wir sehr vorsichtig sein.

die Kinder gehen auf Zehenspitzen am Rand ihrer Zeitung

Langsam hört der Regen auf und wir können die ersten Tiere im Wald hören

die Kinder halten eine Hand ans Ohr und hören ganz bewusst

Die Vögel fliegen zwischen den Bäumen umher.

die Kinder fliegen zwischen den am Boden liegenden Zeitungen durch den Raum

Die Hasen springen durch das Unterholz.

die Kinder springen wie Hasen durch die Turnhalle zwischen den Zeitungen umher

Oh, konntet ihr schon das Wildschwein entdecken?

die Kinder nehmen ihre Zeitung und rollen ein Fernrohr daraus.

Zwischen den Blättern tippeln kleine Igel durchs Laub. Ein paar haben die Blätter noch auf ihren Stacheln.

die Kinder legen die Zeitung im Vierfüßlerstand auf ihren Rücken und krabbeln durch die Turnhalle

Lasst uns einen schönen Laubengel machen!

die Kinder strecken Arme und Beine von sich und bewegen diese gleichmäßig

Völlig durchnässt, aber glücklich machen wir uns wieder auf den Heimweg.

die Zeitung dient als Umhang, während die Kinder durch die Turnhalle gehen

Was für ein toller Ausflug in den Wald!

HAUPTPHASE

STATIONEN ZUM THEMA „ZEITUNGEN IN BEWEGUNG“

Bauen Sie gemeinsam mit den Kindern die Stationen auf. Gehen Sie mit ihnen alle Stationen durch und erklären Sie die Aufgaben an den Stationen. Lassen Sie, wenn nötig, ein Kind die Aufgaben vormachen.

1. SPIEL: ZEITUNGSLAUFEN

Material

- **1 Zeitungsblatt pro Kind**

Geben Sie jedem Kind ein Zeitungsblatt. Stellen Sie den Kindern die Aufgabe, mit der Zeitung durch den Raum zu laufen. Dabei soll die Zeitung nicht runterfallen. Greifen Sie die Ideen der Kinder auf und motivieren Sie die anderen Kinder, diese Ideen ebenfalls auszuprobieren.

VARIANTE

Die Kinder halten die Zeitung vor ihren Bauch und laufen schnell durch die Turnhalle. Dabei können sie die Zeitung loslassen. Wenn sie schnell genug laufen, wird sie trotzdem nicht auf den Boden fallen.

2. SPIEL: PFÜTZENSPRINGEN

Material

- **1 Zeitungsblatt pro Kind**

Die Kinder legen die Zeitung vor sich auf den Boden. Dabei stellen die Zeitungen Pfützen dar. Die Kinder bekommen dazu folgende Aufgaben gestellt:

- über die Pfütze springen
- in die Pfütze rein- und wieder rausspringen
- um die Pfütze herumlaufen
- mit einem Bein in die Pfütze springen und wieder raus

VARIANTE

Material

- **1 Zeitungsblatt pro Kind**
- **1 CD-Player**
- **1 CD mit Bewegungsmusik**

Die Kinder laufen zur Musik durch den Raum. Beim Musikstopp stellen Sie den Kindern folgende Aufgaben:

- über so viele Pfützen wie möglich springen
- in so viele Pfützen wie möglich rein- und wieder rausspringen
- zu zweit über eine Pfütze springen
- zu dritt an den Händen halten und sich um eine Pfütze herumstellen

3. SPIEL: ZEITUNGSTANZ

Material
- **1 Zeitungsblatt pro Paar**
- **1 CD-Player**
- **1 CD mit Bewegungsmusik**

Die Kinder finden sich als Paare zusammen. Jedes Paar erhält eine Doppelseite der Zeitung. Diese legen die Kinder vor sich hin und stellen sich dann gemeinsam auf die Zeitung.
Die Musik wird angeschaltet und die Paare tanzen dazu auf ihrer Zeitung. Dabei sollen die Kinder aufpassen, nicht neben die Zeitung zu treten.
Stoppt die Musik, gehen beide kurz von der Zeitung herunter und falten sie zur Hälfte. Dann stellen sie sich wieder auf ihre Zeitung und tanzen weiter zur Musik.
Bei jedem Musikstopp wird die Zeitung kleiner und das gemeinsame Tanzen schwieriger.
Wenn ein Kind neben die Zeitung tritt, scheidet es aus. Der Partner tanzt dann auf der Zeitung alleine weiter. Wer wird Sieger des Spiels und kann sich am längsten auf der Zeitung halten?

VARIANTE

Material
- **1 Zeitungsblatt pro Kind**
- **1 CD-Player**
- **1 CD mit Bewegungsmusik**

Die ausgeschiedenen Kinder dürfen sich eine eigene Zeitung holen und auf dieser Zeitung alleine weitertanzen.

4. SPIEL: RETTET DIE PINGUINE

Material
- **1 Zeitungsblatt pro Paar**
- **1 CD-Player**
- **1 CD mit Bewegungsmusik**

Jeder Pinguin (Kind) hat eine Eisscholle (Zeitung). Die Kinder legen die Eisschollen verteilt in der Turnhalle auf den Boden.
Stellen Sie die Musik an und die Pinguine laufen durch die Turnhalle. Beim Musikstopp muss sich jeder Pinguin eine Eisscholle suchen. Nach jeder Runde nehmen Sie eine Zeitung aus dem Spiel. Leider werden es immer weniger Eisschollen, aber alle Pinguine müssen noch einen Platz finden.

Tipp: Wenn die Kinder nicht von alleine auf die Idee kommen, dass sie sich dabei unterstützen können, geben Sie ihnen Hilfestellung.

ABSCHLUSS DER HAUPTPHASE

Bauen Sie gemeinsam mit den Kindern die Stationen ab, anschließend bereiten Sie alles für das nächste Spiel vor.

SPIEL: SCHNEEBALLSCHLACHT

Material

- **mindestens 50 Zeitungsblätter als Zeitungsbälle**
- **Markierungshütchen**

Knüllen Sie mit den Kindern die Zeitungen in Zeitungsbälle. Verteilen Sie die Zeitungsbälle in der ganzen Halle. Teilen Sie die Halle in zwei gleich große Felder ein und markieren Sie diese Felder durch Markierungshütchen.
Die Kinder haben die Aufgabe, die Zeitungsbälle jeweils in das Feld der gegnerischen Mannschaft zu werfen. Die Mannschaft, die am Ende des Spiels die wenigsten Zeitungsbälle im eigenen Feld hat, hat das Spiel gewonnen.

SPIEL: ZEITUNGSBÄLLE EINSAMMELN

Material

- **mindestens 50 Zeitungen als Zeitungsbälle**
- **1 Wäscheklammer pro Kind**
- **1 Mülleimer**

Geben Sie jedem Kind eine Wäscheklammer. Die Kinder haben die Aufgabe, mithilfe der Wäscheklammern die Zeitungsbälle einzusammeln und in den Mülleimer zu bringen.
Das Spiel ist zu Ende, wenn alle Zeitungsbälle eingesammelt wurden.

AUSKLANG

ENTSPANNUNGSSPIEL: DECKE AUS ZEITUNGSBLÄTTERN

Material

- **1 Gymnastikmatte pro Paar**
- **ca. 8–10 Zeitungsblätter pro Paar**

Die Kinder finden sich zu zweit zusammen. Ein Kind legt sich mit dem Bauch auf eine Gymnastikmatte. Das andere Kind bekommt Zeitungsblätter und darf diese auf die Rückseite des Partners legen. Dabei sollen die Blätter die Kinder wie eine Decke umhüllen. Nachdem alle Zeitungsblätter verteilt wurden, ruht sich das Kind kurz unter der Decke aus Zeitungen aus. Anschließend werden die Rollen getauscht.

VERABSCHIEDUNG

REFLEXION MIT ZEITUNGSBÄLLEN

Material

- **1 Zeitungsball pro Kind**
- **1 Kasten**
- **1 Mülleimer**

Treffen Sie sich mit den Kindern im Kreis. Geben Sie jedem Kind einen Zeitungsball. Stellen Sie den Mülleimer und den Kasten in die Mitte.

Wenn den Kindern die Bewegungsstunde gefallen hat, dürfen sie den Zeitungsball in den Kasten werfen.
Wenn den Kindern die Bewegungsstunde nicht gefallen hat, werfen sie den Zeitungsball in den Mülleimer.

Singen Sie mit den Kindern das Abschlusslied oder wählen Sie ein anderes Verabschiedungsritual. Anschließend können Sie jedem Kind einen Stempel auf den Handrücken geben.

SCHWÄMME

Haushaltsschwämme sind ein sehr attraktives Alltagsmaterial mit einem hohen Aufforderungscharakter. Sie bieten eine Vielzahl von Erfahrungen: Sie sind weich, griffig, leicht, bunt und einfach zu transportieren. Dabei ist das Material problemlos zu organisieren und preisgünstig. Mit den Schwämmen werden in der Stunde Geschicklichkeit, Kreativität, Gleichgewicht, Schnelligkeit und Kooperationsfähigkeit gefördert.

Material

- mindestens 50 Haushaltsschwämme in mehreren Farben
- Buntstifte
- Kopiervorlage „Schwammtürme“
- Markierungshütchen
- 4 Gymnastikreifen in den Farben Rot, Gelb, Grün und Blau
- Gymnastikmatten
- 1 Turnbank
- 3 Kisten

Vorbereitung (ca. 5 Minuten)

Lesen Sie die Bewegungsgeschichte „Der Schwamm Sean“ sowie die Massagegeschichte „Der Elefant Elmar“ durch. Kopieren Sie die Vorlage „Schwammtürme“ für jedes Kind einmal. Suchen Sie das benötigte Material zusammen und stellen Sie dieses bereit.

BEGRÜSSUNG

Treffen Sie sich mit den Kindern im Kreis und begrüßen Sie sie. Gehen Sie anschließend gemeinsam die Anwesenheitsliste durch. Nun können Sie mit den Kindern ein Begrüßungslied singen.

EINSTIMMUNGSPHASE

MATERIALEINFÜHRUNG: SCHWÄMME

Material

- **1 Schwamm pro Kind**

Treffen Sie sich mit den Kindern im Kreis. Geben Sie jedem Kind einen Schwamm und fragen Sie die Kinder, was man alles mit einem Schwamm machen kann. Die Kinder dürfen ihre Ideen anschließend frei ausprobieren. Greifen Sie die Ideen der Kinder auf und lassen Sie diese, wenn nötig, von den Kindern vormachen.

DER SCHWAMM SEAN: EINE BEWEGUNGSGESCHICHTE MIT EINEM SCHWAMM

Material

- **1 Schwamm pro Kind**

Geben Sie jedem Kind einen Schwamm und lesen Sie die Geschichte vor. Sagen Sie den Kindern die passenden Bewegungen dazu an oder machen Sie diese selbst vor.

Bewegungsgeschichte: „Der Schwamm Sean"

Unser kleiner Schwamm Sean möchte einen Ausflug zum See machen. Doch alleine ist das gar nicht so einfach. Wir nehmen ihn deswegen mit.

losgehen mit dem Schwamm in der Hand

Auf dem Weg zum See liegen viele Steine auf dem Boden. Wir springen über die Steine.

den Schwamm auf den Boden legen und mehrmals drüberspringen

Wir müssen durch einen Wald, dort stehen viele Bäume.
Wir müssen im Zickzack zwischen den Bäumen hin und her laufen.

im Zickzack laufen

Am See angekommen müssen wir gut auf den kleinen Schwamm Sean aufpassen. Denn er kann noch nicht alleine schwimmen. Wir gehen ins Wasser und nehmen Sean auf unserem Kopf mit.

den Schwamm auf den Kopf legen und mit den Armen Schwimmbewegungen machen

Oh, ein bisschen nass ist unser kleiner Schwamm Sean geworden. Wir drücken unseren Schwamm feste aus.

den Schwamm ausdrücken

Wir legen ihn anschließend zum Trocknen in die Sonne. Der Wind pustet Sean ins Gesicht.

den Schwamm auf den Boden legen und anpusten

Wir wollen eine Sandburg bauen. Die Schwämme helfen mit.

mit den anderen Kindern treffen und gemeinsam eine Burg aus den Schwämmen bauen

Langsam wird es dunkel und wir wollen uns auf den Rückweg machen. Doch wo ist Sean?

den Schwamm suchen

Wir nehmen Sean auf unsere Schulter, denn er ist nach dem Abenteuer ganz müde.

den Schwamm auf die Schulter legen und durch den Raum gehen

Zu Hause angekommen sind auch wir ganz müde und legen uns hin.

auf den Boden legen

HAUPTPHASE

STATIONEN ZUM THEMA „SCHWÄMME IN BEWEGUNG“

Bauen Sie gemeinsam mit den Kindern die Stationen auf. Gehen Sie mit den Kindern alle Stationen durch und erklären Sie ihnen die jeweiligen Aufgaben. Lassen Sie, wenn nötig, ein Kind die Aufgaben vormachen.

STATION 1: BAUEN MIT SCHWÄMMEN

Material

- **möglichst viele Schwämme**
- **Buntstifte**
- **Kopiervorlage „Schwammtürme“**

Legen Sie die Kopien der Vorlage „Schwammtürme“, die Buntstifte und die Schwämme zusammen an dieser Station aus.

Die Kinder sollen nun ihre Kopie der Schwammtürme in den Schwammfarben ausmalen. Anschließend können sie den passenden Turm mit den Schwämmen selbst nachbauen.

VARIANTE

Material

- **möglichst viele Schwämme**

Die Kinder sollen aus den Schwämmen einen so hohen Turm wie möglich bauen. Wie viele Schwämme können aufeinandergestapelt werden, bevor der Turm umkippt?

STATION 2: SCHLITTSCHUH FAHREN

Material

- **2 Schwämme pro Kind**
- **Markierungshütchen**

Stellen Sie aus den Markierungshütchen einen Kreis als zugefrorenen Teich auf. Legen Sie die Schwämme neben dem Teich bereit.

Die Kinder nehmen sich jeweils zwei Schlittschuhe (Schwämme) und können damit über den Teich „fahren".

STATION 3: SCHWAMM BALANCIEREN

Material

- **1 Turnbank**
- **1 Schwamm pro Kind**

Stellen Sie die Bank umgedreht auf. Legen Sie die Schwämme neben der Bank in einer Kiste bereit.

Die Kinder sollen den Schwamm auf ihrem Kopf balancieren und selbst über die Bank balancieren.

STATION 4: SCHWÄMME TRANSPORTIEREN

Material

- **2 Kisten**
- **50 Schwämme**

Stellen Sie die beiden Kisten ungefähr 5 Meter voneinander entfernt auf. Legen Sie die Schwämme in eine der beiden Kisten.

Die Kinder haben die Aufgabe, die Schwämme so schnell wie möglich von einer Kiste in die andere zu transportieren.

VARIANTE

So viele Schwämme wie möglich: Die Kinder sollen so viele Schwämme wie möglich gleichzeitig von einer in die andere Kiste transportieren.

STATION 5: ZIELWERFEN

Material
- **1 Kiste**
- **jeweils 10 Schwämme in den Farben Rot, Gelb, Grün und Blau**
- **4 Gymnastikreifen in den Farben Rot, Gelb, Grün und Blau**
- **2 Markierungshütchen**

Stellen Sie die Markierungshütchen als Wurflinie auf. Stellen Sie die Kiste mit den Schwämmen neben die Wurflinie. Von der Wurflinie legen Sie die Gymnastikreifen ca. 3–5 Meter entfernt auf den Boden.

Die Kinder sollen die Schwämme in die Gymnastikreifen werfen.

VARIANTE

Zusätzlich sollen die Schwämme in die farblich passenden Gymnastikreifen geworfen werden.

ABSCHLUSS DER HAUPTPHASE

Bauen Sie gemeinsam mit den Kindern die Stationen ab, anschließend bereiten Sie alles für das nächste Spiel vor.

SPIEL: SCHWÄMME EINSAMMELN

Material
- **alle Schwämme**

Verteilen Sie alle Schwämme mit den Kindern in der gesamten Turnhalle. Stellen Sie die Kiste für die Schwämme in die Mitte der Turnhalle.

Die Kinder haben nun die Aufgabe, jeweils einen Schwamm einzusammeln und in die Kiste zu bringen.

VARIANTE

Die Kinder sollen eine vorher genannte Farbe suchen und in die Kiste bringen. Unterschiedliche Farben können auch für unterschiedliche Bewegungsformen genutzt werden.

Rote Schwämme: Die Kinder laufen ganz schnell.
Gelbe Schwämme: Die Kinder bringen die Schwämme hüpfend zur Kiste.
Blaue Schwämme: Die Kinder bringen die Schwämme mit Schwimmbewegungen zur Kiste.
Grüne Schwämme: Die Kinder krabbeln mit dem Schwamm zur Kiste.

AUSKLANG

ENTSPANNUNGSSPIEL: SCHWAMMMASSAGE

Material

- **1 Gymnastikmatte pro Paar**
- **1 Schwamm pro Paar**

Die Kinder finden sich zu zweit zusammen. Ein Kind legt sich mit dem Bauch auf eine Gymnastikmatte. Das andere Kind bekommt einen Schwamm.
Lesen Sie die Massagegeschichte „Der Elefant Elmar" vor. Sagen Sie den Kindern die dazu passenden Bewegungen oder demonstrieren Sie diese an einem Kind.

Massageschichte: „Der Elefant Elmar"

Der Elefant Elmar trottet langsam in seinem Gehege hin und her.

mit den Fäusten rechts und links neben der Wirbelsäule hoch- und runterdrücken

Elmar hat sich den ganzen Tag mit Dreck beworfen. Jetzt ist sein ganzer Rücken voller Staub und Schlammkrusten.

mit den geschlossenen Fingern über den Rücken streichen und an einigen Stellen zwei kleine Kreise mit den geschlossenen Fingern über den Rücken verteilt malen

Der Pfleger Klaus hat das schon beobachtet und kommt mit einem großen Wassereimer und einem Wasserschlauch in das Elefantengehege. Elmar freut sich schon. Denn Klaus fängt damit an, Elmar abzuspritzen. Das Wasser läuft dabei über Elmars gesamten Rücken.

mit den Händen von den Schultern an mehrmals flächendeckend so über den Rücken nach unten fahren, als würde das Wasser den Rücken runterlaufen

Doch Klaus merkt schnell: Heute reicht der Wasserschlauch nicht aus. Er nimmt einen Schwamm und taucht ihn ins Wasser. Damit schrubbt er Elmars Rücken von oben nach unten ab.

mit dem Schwamm von oben nach unten mit der glatten Seite von den Schultern bis zum Gesäß streichen

Doch der Dreck will einfach nicht abgehen. So muss Klaus kräftiger schrubben.

mit dem Schwamm von oben nach unten mit der rauen Seite von den Schultern bis zum Gesäß streichen

Immer noch sind ein paar Dreckklumpen an Elmar zu finden. Klaus reibt an den Stellen kräftiger.

mit dem Schwamm an ein paar Stellen kräftiger reiben

Und weil es Elmar so gut gefällt, schrubbt Klaus auch noch von rechts nach links und von links nach rechts über Elmars Rücken.

mehrmals mit dem Schwamm von der linken zur rechten Seite des Rückens wischen und zurück

Zum Schluss nimmt Klaus noch einmal den Wasserschlauch und spritzt Elmar kräftig ab. Das kitzelt Elmar ein bisschen.

die Kinder werden leicht gekitzelt

Und damit Elmar sich nicht erkältet, wird er noch trocken gerubbelt.

mit dem gesamten Unterarm über den Rücken streichen

Elmar ist vom Baden ganz müde und schläft ganz entspannt ein.

VERABSCHIEDUNG

REFLEXION MIT SCHWÄMMEN

Material
- **jeweils einen roten und grünen Schwamm pro Kind**
- **2 Kisten**

Treffen Sie sich mit den Kindern im Kreis. Stellen Sie eine Kiste gefüllt mit roten Schwämmen und eine Kiste gefüllt mit grünen Schwämmen in die Mitte.
Fordern Sie die Kinder auf, sich nach folgenden Kriterien einen Schwamm aus den Kisten auszusuchen:

Roter Schwamm: Die Turnstunde hat mir keinen Spaß gemacht.
Grüner Schwamm: Die Turnstunde hat mir Spaß gemacht.

Singen Sie mit den Kindern das Abschlusslied oder wählen Sie ein anderes Verabschiedungsritual. Anschließend können Sie jedem Kind einen Stempel auf den Handrücken geben.

FLIEGENKLATSCHEN

Fliegenklatschen eignen sich besonders gut zum Üben der Auge-Hand-Koordination. Das leichte Material fordert die Kinder auf, sich gezielt auf den anfliegenden Ball zu konzentrieren und ihn mit den passenden Bewegungen wieder in die Luft zu schlagen.

Material

- 1 Fliegenklatsche pro Kind
- 1 Watteballchen pro Kind
- 1 Luftballon pro Kind
- kleine Hindernisse wie Markierungshütchen, Teppichfliesen, Klopapierrollen
- 1 kleiner Plastikball
- 4 Markierungshütchen
- Mannschaftbänder
- Gymnastikmatten
- Kopiervorlage „Smileys“

Vorbereitung (ca. 3 Minuten)

Lesen Sie sich die Massagegeschichte „Die kleine Fliege“ durch. Kopieren Sie die Kopiervorlage „Smileys“ für jedes Kind einmal. Suchen Sie das benötigte Material zusammen und stellen Sie dieses bereit.

BEGRÜSSUNG

Treffen Sie sich mit den Kindern im Kreis und begrüßen Sie sie. Gehen Sie anschließend gemeinsam die Anwesenheitsliste durch. Nun können Sie mit den Kindern ein Begrüßungslied singen.

EINSTIMMUNGSPHASE

MATERIALEINFÜHRUNG: FLIEGENKLATSCHE

Material

- **1 Fliegenklatsche pro Kind**

Treffen Sie sich mit den Kindern im Kreis. Geben Sie jedem Kind eine Fliegenklatsche und fragen Sie die Kinder, was man alles mit einer Fliegenklatsche machen kann. Die Kinder dürfen Ihre Ideen anschließend frei ausprobieren. Greifen Sie die Ideen der Kinder auf und lassen Sie diese, wenn nötig, von den Kindern vormachen.

SPIEL: WATTE BALANCIEREN

Material

- **1 Fliegenklatsche pro Kind**
- **1 Watteballchen pro Kind**

Geben Sie jedem Kind eine Fliegenklatsche und ein Wattebällchen. Fordern Sie die Kinder auf, das Wattebällchen mit der Fliegenklatsche zu balancieren. Wenn das gut klappt, fordern Sie die Kinder auf, das Wattebällchen auch mithilfe der Fliegenklatsche zu transportieren.

HAUPTPHASE

STATIONEN ZUM THEMA „FLIEGENKLATSCHEN IN BEWEGUNG“

Bauen Sie gemeinsam mit den Kindern die Stationen auf. Gehen Sie mit ihnen alle Stationen durch und erklären Sie die Aufgaben an den Stationen. Lassen Sie, wenn nötig, ein Kind die Aufgaben vormachen.

1. SPIEL: LUFTBALLON HOCHHALTEN

Material

- **1 Fliegenklatsche pro Kind**
- **1 Luftballon pro Kind**

Geben Sie jedem Kind eine Fliegenklatsche und einen Luftballon. Fordern Sie die Kinder auf, den Luftballon mithilfe der Fliegenklatsche in der Luft zu halten, ohne dass der Luftballon den Boden berührt.

2. SPIEL: LUFTBALLON ZUSPIELEN

Material

- **1 Fliegenklatsche pro Kind**
- **1 Luftballon pro Paar**

Die Kinder finden sich zu zweit zusammen und stellen sich einander gegenüber auf. Sie versuchen, sich mithilfe ihrer Fliegenklatsche den Luftballon zuzuspielen. Dabei soll der Luftballon den Boden so wenig wie möglich berühren.

3. SPIEL: LUFTBALLON GEMEINSAM HOCHHALTEN

Material

- **1 Fliegenklatsche pro Kind**
- **1 Luftballon pro Kind**

Die Kinder spielen den Luftballon in die Luft. Gemeinsam versuchen Sie, die Luftballons mit den Fliegenklatschen in der Luft zu halten. Wenn ein Luftballon den Boden berührt, scheidet er aus und wird aus dem Spiel genommen. Wie viele Luftballons sind am Ende noch im Spiel?

VARIANTE

Die Kinder versuchen, die Luftballons gemeinsam in der Luft zu halten. Dabei dürfen die Kinder aber nicht den gleichen Luftballon zweimal hintereinander berühren. Das heißt, es muss immer mindestens ein anderes Kind dazwischen den Luftballon hochschlagen.

4. SPIEL: LUFTBALLON ÜBER HINDERNISSE BEFÖRDERN

Material
- **1 Fliegenklatsche pro Kind**
- **1 Luftballon pro Kind**
- **kleine Hindernisse wie Markierungshütchen, Teppichfliesen, Klopapierrollen**

Stellen Sie gemeinsam mit den Kindern die kleinen Hindernisse in der Turnhalle auf. Fordern Sie die Kinder auf, ihren Luftballon mit den Fliegenklatschen über die Hindernisse zu führen, indem der Luftballon hochgeschlagen wird und die Kinder die Hindernisse währenddessen überwinden.

ABSCHLUSS DER HAUPTPHASE

Bauen Sie gemeinsam mit den Kindern die Stationen ab, anschließend bereiten Sie alles für das nächste Spiel vor.

SPIEL: FLIEGENKLATSCHEN-HOCKEY

Material
- **1 Fliegenklatsche pro Kind**
- **1 kleiner Plastikball**
- **4 Markierungshütchen**
- **Mannschaftbänder**

Stellen Sie die Markierungshütchen jeweils als ein Tor auf eine Hallenseite auf. Teilen Sie die Kinder in zwei Mannschaften auf. Markieren Sie die beiden Mannschaften durch Mannschaftsbänder. Geben Sie jedem Kind eine Fliegenklatsche.
Die beiden Mannschaften spielen gegeneinander Fliegenklatschen-Hockey. Dabei darf der kleine Plastikball nur mit der Fliegenklatsche gespielt werden. Ziel der Mannschaften ist es, möglichst viele Tore zu erzielen.

Tipp: Wenn die Kinder alle hinter dem kleinen Plastikball herrennen, geben Sie einen weiteren Ball ins Spiel. So entzerrt sich das Spiel.

AUSKLANG

MASSAGEGESCHICHTE: DIE KLEINE FLIEGE

Material

- **1 Gymnastikmatte pro Paar**

Die Kinder finden sich zu zweit zusammen. Ein Kind legt sich mit dem Bauch auf eine Gymnastikmatte. Das andere Kind setzt sich daneben. Lesen Sie den Kindern die Massagegeschichte „Die kleine Fliege" vor. Erklären Sie den Kindern die passenden Bewegungen oder machen Sie diese an einem Kind vor. Anschließend wird getauscht und die Geschichte ein zweites Mal vorgelesen.

Massagegeschichte: „Die kleine Fliege"

Stellt euch vor, der Rücken ist ein kleiner Garten. Hier leben viele kleine Tiere. Sie laufen überall im Garten umher und suchen Futter, ein Versteck oder gehen einfach nur spazieren. Wenn man ganz genau nachspürt, kann man die Tiere auf dem Rücken fühlen.
Auch unsere kleine Fliege wohnt in unserem Garten und beobachtet die anderen Tiere ganz genau.

Die kleine Schnecke kriecht ganz langsam im Garten herum.
Es dauert ganz lange, bis sie ihr Ziel erreicht.
mit zwei Fingern sanft und langsam über den Rücken streichen

Die vielen kleinen Ameisen haben es immer eilig.
Sie laufen von links nach rechts schnell hin und her.
alle Fingerspitzen laufen schnell über den Rücken

Der dicke kleine Käfer wackelt ganz lustig beim Krabbeln.
mit den Fingerknöcheln leicht drückend über den Rücken fahren

Ein wunderschöner Schmetterling fliegt an uns vorbei und wir fühlen den Wind.

den Partner kräftig am Rücken anpusten

Ein lustiger Hase hoppelt über den Rasen.

mit Zeigefinger und Ringfinger über den Rücken hüpfen

Und unsere kleine Fliege fliegt von einer Blume zur nächsten und kitzelt sie.

den Partner kitzeln

VERABSCHIEDUNG

REFLEXION MIT DEM DAUMEN

Material

- **1 Kiste**
- **Kopiervorlage „Smileys"**

Treffen Sie sich mit den Kindern im Kreis und stellen Sie einen Kiste in die Mitte. Geben Sie nun jedem Kind die zwei Smileys.

Die Kinder haben die Aufgabe, einen Smiley auszuwählen, je nachdem, wie ihnen die Bewegungsstunde gefallen hat, und in die Kiste zu legen.

Trauriger Smiley = Die Bewegungsstunde hat mir nicht gefallen.

Lachender Smiley = Die Bewegungsstunde hat mir sehr gut gefallen.

Singen Sie mit den Kindern das Abschlusslied oder wählen Sie ein anderes Verabschiedungsritual. Anschließend können Sie jedem Kind einen Stempel auf den Handrücken geben.

WASSERBÄLLE

Wasserbälle fliegen im Gegensatz zu klassischen Bällen langsamer und leichter und können somit auch für jüngere Kinder gut für Ballübungen genutzt werden. So können die Kinder Wurf- und Fangübungen mit einer höheren Erfolgsquote erleben.

Material

- mindestens 25 Wasserbälle
- 1 Sprossenwand
- 1 Kriechtunnel
- 1 Seil
- 2 Kisten
- 1 Weichboden
- Turnmatten
- 6 Markierungshütchen
- 1 Bällebad oder ein Planschbecken
- Gymnastikmatten

Vorbereitung (ca. 2 Minuten)

Suchen Sie das benötigte Material zusammen und stellen Sie dieses bereit.

BEGRÜSSUNG

Treffen Sie sich mit den Kindern im Kreis und begrüßen Sie sie. Gehen Sie anschließend gemeinsam die Anwesenheitsliste durch. Nun können Sie mit den Kindern ein Begrüßungslied singen.

EINSTIMMUNGSPHASE

MATERIALEINFÜHRUNG: WASSERBALL

Material

- **1 Wasserball**

Setzen Sie sich mit den Kindern mit gegrätschten Beinen in einen Kreis. Rollen Sie mit den Kindern den Ball im Kreis hin und her. Dabei soll der Ball nicht aus dem Kreis hinausrollen. Geben Sie jedem Kind einen Wasserball und fragen Sie die Kinder, was man alles mit einem Wasserball machen kann. Die Kinder dürfen Ihre Ideen anschließend frei ausprobieren. Greifen Sie die Ideen der Kinder auf und lassen Sie diese, wenn nötig, von den Kindern vormachen

SPIEL: HEISSE KARTOFFEL

Material

- **1 Wasserball**

Stellen Sie sich mit den Kindern in einem Kreis auf. Werfen Sie den Wasserball zu ihrem rechten Nachbarn. Die Kinder werfen den Wasserball ebenfalls immer zu ihrem rechten Nachbarn. Dabei soll der Wasserball stets so schnell wie möglich weitergeworfen werden.

VARIANTE

Material

- **2 Wasserbälle**

Die Bälle starten an gegenüberliegenden Seiten und werden zügig weitergeworfen. Dabei soll der eine Ball den anderen Ball einholen.

HAUPTPHASE

STATIONEN ZUM THEMA „WASSERBÄLLE IN BEWEGUNG“

Bauen Sie gemeinsam mit den Kindern die Stationen auf. Gehen Sie mit den Kindern alle Stationen durch und erklären Sie die jeweiligen Aufgaben. Lassen Sie, wenn nötig, ein Kind die Aufgaben vormachen.

STATION 1: ZIELWERFEN IN DEN KRIECHTUNNEL

Material

- **1 Sprossenwand**
- **1 Kriechtunnel**
- **1 Seil**
- **1 Kiste**
- **Wasserbälle**

Hängen Sie den Kriechtunnel mithilfe des Seils an der Sprossenwand auf. Stellen Sie den Kasten mit den Wasserbällen im Abstand von ca. 3 Metern von der Sprossenwand auf.

Die Kinder sollen die Wasserbälle oben in den Kriechtunnel werfen.

STATION 2: FALL NICHT HIN

Material

- **1 Weichboden**
- **8–10 Wasserbälle**
- **Turnmatten**

Legen Sie den Weichboden auf die Wasserbälle. Sichern Sie den Weichboden mit den Turnmatten an allen Seiten ab.

Die Kinder sollen über den wackeligen Weichboden gehen oder laufen, ohne hinzufallen.

STATION 3: WASSERBALL-SLALOM

Material

- **3 Wasserbälle**
- **1 Kiste**
- **6 Markierungshütchen**

Stellen Sie die Markierungshütchen im Abstand von ca. 1 Meter hintereinander auf. Stellen Sie die Kiste mit den Wasserbällen vor das erste Markierungshütchen.

Die Kinder nehmen sich einen Wasserball und rollen diesen im Slalom durch die Markierungshütchen.

VARIANTE

Die Kinder führen den Wasserball mit dem Fuß im Slalom durch die Markierungshütchen.

STATION 4: BÄLLEBAD MIT WASSERBÄLLEN

Material

- **1 Bällebad oder 1 Planschbecken**
- **Wasserbälle**

Legen Sie die Wasserbälle in das Bällebad bzw. das Planschbecken.

Die Kinder dürfen mit den Wasserbällen im Bällebad toben.

ABSCHLUSS DER HAUPTPHASE

Bauen Sie gemeinsam mit den Kindern die Stationen ab, anschließend bereiten Sie alles für das nächste Spiel vor.

LAUF- UND WURFSPIEL: HASE UND JÄGER

Material

- **1 Wasserball**

Wählen Sie ein Kind als Jäger aus. Geben Sie diesem Kind den Wasserball. Das Kind versucht, die Hasen (restliche Kinder) mit dem Wasserball abzuwerfen. Wenn ein Hase getroffen wurde, bekommt es den Wasserball und wird zum neuen Jäger.

AUSKLANG

ATEMENTSPANNUNG MIT DEM WASSERBALL

Material

- **1 Gymnastikmatte pro Kind**
- **1 Wasserball pro Kind**

Die Kinder legen sich mit den Rücken auf die Matte. Den Ball halten sie locker auf dem Bauch fest. Fordern Sie die Kinder auf, ganz ruhig zu werden und den Ball zu beobachten.

VERABSCHIEDUNG

REFLEXION MIT DEM WASSERBALL

Material

- **1 Wasserball pro Kind**

Geben Sie jedem Kind einen Wasserball. Je nachdem, wie den Kindern die Bewegungsstunde gefallen hat, soll das Kind Luft aus dem Wasserball lassen:

Luft ganz rauslassen = Die Bewegungsstunde hat mir nicht gefallen.
Luft im Wasserball lassen = Die Bewegungsstunde hat mir sehr gut gefallen.

Singen Sie mit den Kindern das Abschlusslied oder wählen Sie ein anderes Verabschiedungsritual. Anschließend können Sie jedem Kind einen Stempel auf den Handrücken geben.

TEPPICHFLIESEN

Mithilfe der Teppichfliesen erleben die Kinder in dieser Stunde viel Abwechslung. Dabei werden Schnelligkeit, Reaktionsfähigkeit, Körperspannung und Orientierungsfähigkeit trainiert. Über Stationen können die Kinder die Schwierigkeit der Übungen selbst bestimmen.

Material

- mindestens 26 Teppichfliesen
- 2 Seile
- 1 Sprossenwand
- 1 Turnbank
- 1 Weichboden
- Turnmatten
- 1 Softball
- 4 Markierungshütchen
- Mannschaftsbänder
- 1 Klangschale

Vorbereitung (ca. 2 Minuten)

Suchen Sie das benötigte Material zusammen und stellen Sie dieses bereit.

BEGRÜSSUNG

Treffen Sie sich mit den Kindern im Kreis und begrüßen Sie sie. Gehen Sie anschließend gemeinsam die Anwesenheitsliste durch. Nun können Sie mit den Kindern ein Begrüßungslied singen.

EINSTIMMUNGSPHASE

MATERIALEINFÜHRUNG: TEPPICHFLIESE

Material

- **1 Teppichfliese pro Kind**

Legen Sie für jedes Kind eine Teppichfliese als Sitzkissen auf den Boden. Fragen Sie die Kinder, worauf sie jetzt sitzen. Woher kennen die Kinder Teppichfliesen? Fragen Sie die Kinder, was man alles mit einer Teppichfliese machen kann. Die Kinder dürfen ihre Ideen anschließend frei ausprobieren. Greifen Sie die Ideen der Kinder auf und lassen Sie diese, wenn nötig, von den Kindern vormachen.

SPIEL: OBSTSALAT AUF TEPPICHFLIESEN

Material

- **1 Teppichfliese pro Kind**

Die Spieler stehen in einem Kreis auf ihren Teppichfliesen. Nennen Sie jedem Kind eine Obstsorte, die es sich gut merken soll. Pro Sorte sollte es mindestens zwei Kinder geben. Ein Kind legt die Teppichfliese beiseite und stellt sich in die Mitte. Das Kind nennt jeweils eine Obstsorte. Daraufhin müssen die Kinder mit der betroffenen Obstsorte ihre Plätze tauschen. Das Kind in der Mitte darf natürlich ebenfalls versuchen, einen Platz zu ergattern. Wer übrig bleibt, steht als Nächster in der Mitte.

VARIANTE

Statt nur die Obstsorten zu sagen, können Sie Obstsalat als weitere Option angeben. Dabei tauschen dann alle Kinder ihre Plätze.

HAUPTPHASE

STATIONEN ZUM THEMA „TEPPICHFLIESEN IM WINTERSPORT"

Bauen Sie gemeinsam mit den Kindern die Stationen auf. Gehen Sie mit den Kindern alle Stationen durch und erklären Sie die jeweiligen Aufgaben. Lassen Sie, wenn nötig, ein Kind die Aufgaben vormachen.

STATION 1: BOB FAHREN

Material

- **2 Teppichfliesen**
- **2 Seile**

Legen Sie die Teppichfliesen mit den Seilen bereit.

Die Kinder finden sich zu zweit zusammen. Ein Kind setzt sich auf die umgedrehte Teppichfliese und hält das Seil fest. Das andere Kind hält ebenfalls das Seil fest und zieht das sitzende Kind durch die Turnhalle.

STATION 2: EISLAUFEN

Material

- **8 Teppichfliesen**

Legen Sie die Teppichfliesen bereit.

Die Kinder nehmen sich jeweils zwei Teppichfliesen und stellen sich jeweils mit einem Fuß auf die umgedrehten Teppichfliesen. So dienen die Teppichfliesen als Schlittschuhe und die Kinder können unterschiedliche Bewegungsformen auf den Schlittschuhen ausprobieren.

STATION 3: EISSCHOLLENHÜPFEN

Material

- **mindestens 15 Teppichfliesen**

Legen Sie die Teppichfliesen verteilt auf den Boden. Dabei sollte der Abstand so gewählt werden, dass die Kinder ohne Probleme von einer Teppichfliese zur nächsten springen können.

Die Kinder hüpfen von einer Eisscholle (Teppichfliese) zur nächsten, ohne den Boden zu berühren.

STATION 4: SKISPRINGEN

Material

- **1 Sprossenwand**
- **1 Turnbank**
- **1 Weichboden**
- **Turnmatten**
- **1 Teppichfliese**

Hängen Sie die Bank in der Sprossenwand ein. Legen Sie den Weichboden vor die eingehängte Bank. Sichern Sie unter der Bank mit Turnmatten ab. Legen Sie die Teppichfliese neben die Bank.

Die Kinder rutschen auf der umgedrehten Teppichfliese im Sitzen runter.

VARIANTE

Besonders mutige Kinder können versuchen, im Kniestand oder stehend auf der umgedrehten Teppichfliese runterzurutschen.

ABSCHLUSS DER HAUPTPHASE

Bauen Sie gemeinsam mit den Kindern die Stationen ab, anschließend bereiten Sie alles für das nächste Spiel vor.

MANNSCHAFTSSPIEL: TEPPICHFUSSBALL

Material

- **1 Teppichfliese pro Kind**
- **1 Softball**
- **4 Markierungshütchen**
- **Mannschaftsbänder**

Stellen Sie die Markierungshütchen jeweils als ein Tor auf einer Hallenseite auf. Teilen Sie die Kinder in zwei Mannschaften auf. Markieren Sie die beiden Mannschaften durch Mannschaftsbänder. Geben Sie jedem Kind eine Teppichfliese.
Die beiden Mannschaften spielen gegeneinander Teppichfußball. Dabei dürfen die Kinder sich nur mithilfe ihrer Teppichfliesen auf dem Hintern rutschend fortbewegen. Ziel ist es, möglichst viele Tore gemeinsam zu erzielen.

Tipp: Wenn die Kinder zu eng spielen, geben Sie einen weiteren Ball ins Spiel. So entzerrt sich das Spiel.

AUSKLANG

MEDITATION AUF DER TEPPICHFLIESE: EINE STILLE MINUTE

Material

- **1 Teppichfliese pro Kind**
- **1 Klangschale**

Die Kinder setzen sich auf ihre Teppichfliese. Fordern Sie die Kinder auf, die Augen zu schließen und dem Klang der Klangschale zu folgen.
Spielen Sie die Klangschale einmal an. Die Kinder bleiben ruhig sitzen. Wenn Sie nach ca. einer Minute die Klangschale erneut anspielen, dürfen die Kinder die Augen wieder öffnen.

VERABSCHIEDUNG

REFLEXION MIT DER TEPPICHFLIESE

Material

- **1 Teppichfliese pro Kind**

Die Kinder sollen sich auf ihre Teppichfliese setzen oder stellen, entsprechend dem, wie ihnen die Bewegungsstunde gefallen hat.
Auf Zehenspitzen auf die Teppichfliese stellen und Arme hochnehmen = Die Bewegungsstunde hat mir sehr gut gefallen.
Auf die Teppichfliese setzen = Die Bewegungsstunde hat mir nicht gefallen.

Singen Sie mit den Kindern das Abschlusslied oder wählen Sie ein anderes Verabschiedungsritual. Anschließend können Sie jedem Kind einen Stempel auf den Handrücken geben.

KOCHLÖFFEL

Kochlöffel sind in der Turnhalle gewiss sehr ungewöhnlich. Doch besonders für die Rhythmik-Schulung sind sie gut geeignet.

Material

- 1 Kochlöffel pro Kind
- 1 Einkaufsbeutel
- Gymnastikmatten
- Kopiervorlage „Smileys"

Vorbereitung (ca. 2 Minuten)

Kopieren Sie die Kopiervorlage „Smileys" für jedes Kind einmal. Suchen Sie das benötigte Material zusammen und stellen Sie dieses bereit.

BEGRÜSSUNG

Treffen Sie sich mit den Kindern im Kreis und begrüßen Sie sie. Gehen Sie anschließend gemeinsam die Anwesenheitsliste durch. Nun können Sie mit den Kindern ein Begrüßungslied singen.

EINSTIMMUNGSPHASE

MATERIALEINFÜHRUNG: KOCHLÖFFEL

Material

- **alle Kochlöffel**
- **1 Einkaufsbeutel**

Legen Sie alle Kochlöffel in einen Einkaufsbeutel. Treffen Sie sich mit den Kindern im Kreis. Schütteln Sie den Einkaufsbeutel und fragen Sie die Kinder, was sich wohl im Einkaufsbeutel befindet. Geben Sie jedem Kind einen Kochlöffel und fragen Sie die Kinder, was man alles mit einem Kochlöffel machen kann. Die Kinder dürfen Ihre Ideen anschließend frei ausprobieren. Greifen Sie die Ideen der Kinder auf und lassen Sie diese, wenn nötig, von den Kindern vormachen.

SPIEL: ECKEN BEGRÜSSEN

Material

- **1 Kochlöffel pro Kind**

Geben Sie jedem Kind einen Kochlöffel. Die Kinder sollen versuchen, so schnell wie möglich jede Ecke der Turnhalle mit ihrem Kochlöffel zu begrüßen.

SPIEL: LAUTE UND LEISE GERÄUSCHE

Material

- **1 Kochlöffel pro Kind**

Geben Sie jedem Kind einen Kochlöffel. Die Kinder sollen mit ihrem Kochlöffel auf Entdeckungsreise durch die Turnhalle gehen und möglichst laute (leise) Geräusche mit ihrem Kochlöffel machen. Fragen Sie die Kinder, welche Materialien besonders geeignet sind für laute (leise) Geräusche.

HAUPTPHASE

STATIONEN ZUM THEMA „KOCHLÖFFEL IN BEWEGUNG“

Bauen Sie gemeinsam mit den Kindern die Stationen auf. Gehen Sie mit ihnen alle Stationen durch und erklären Sie die Aufgaben an den Stationen. Lassen Sie, wenn nötig, ein Kind die Aufgaben vormachen.

STATION 1: KOCHLÖFFELTRANSPORT

Material

- **1 Kochlöffel pro Kind**

Geben Sie jedem Kind einen Kochlöffel. Die Kinder versuchen, ihren Kochlöffel ohne die Hände zu transportieren. Welche Möglichkeiten gibt es?

STATION 2: TAUSCH DER KOCHLÖFFEL

Material

- **1 Kochlöffel pro Kind**

Die Kinder finden sich zu zweit zusammen und versuchen unterschiedlichste Möglichkeiten, wie sie die Kochlöffel tauschen können.

STATION 3: KUNSTSTÜCK EINÜBEN

Material

- **1 Kochlöffel pro Kind**

Die Kinder probieren mit ihren Kochlöffeln unterschiedliche Kunststücke aus. Dabei dürfen sie entscheiden, ob sie ein Kunststück alleine oder zu zweit einstudieren möchten. Anschließend treffen Sie sich mit allen Kindern im Kreis und jedes Kind darf sein eigenes Kunststück vorführen.

ABSCHLUSS DER HAUPTPHASE

Bauen Sie gemeinsam mit den Kindern die Stationen ab, anschließend bereiten Sie alles für das nächste Spiel vor.

SPIEL: GEMEINSAMEN RHYTHMUS FINDEN

Material
- **1 Kochlöffel pro Kind**

Geben Sie jedem Kind einen Kochlöffel. Klopfen Sie einen Rhythmus vor, die Kinder steigen mit ein. Anschließend können die Kinder einen Rhythmus vorgeben.

AUSKLANG

KLOPFMASSAGE ZUR ENTSPANNUNG

Material
- **1 Kochlöffel pro Paar**
- **1 Gymnastikmatte pro Paar**

Die Kinder finden sich zu zweit zusammen. Ein Kind legt sich mit dem Bauch auf eine Gymnastikmatte. Das andere Kind setzt sich daneben. Das sitzende Kind bekommt einen Kochlöffel und klopft damit vorsichtig die Rückseite des Partners ab. Anschließend wird getauscht.

VERABSCHIEDUNG

REFLEXION MIT EINEM KOCHLÖFFEL

Material
- **1 Kiste**
- **Kopiervorlage „Smileys“**

Treffen Sie sich mit den Kindern im Kreis und stellen Sie einen Kiste in die Mitte. Geben Sie nun jedem Kind die zwei Smileys. Die Kinder haben die Aufgabe, einen Smiley auszuwählen, je nachdem, wie ihnen die Bewegungsstunde gefallen hat, und in die Kiste zu legen.
Trauriger Smiley = Die Bewegungsstunde hat mir nicht gefallen.
Lachender Smiley = Die Bewegungsstunde hat mir sehr gut gefallen.
Singen Sie mit den Kindern das Abschlusslied oder wählen Sie ein anderes Verabschiedungsritual. Anschließend können Sie jedem Kind einen Stempel auf den Handrücken geben.

SMILEYS

SCHWAMMTÜRME

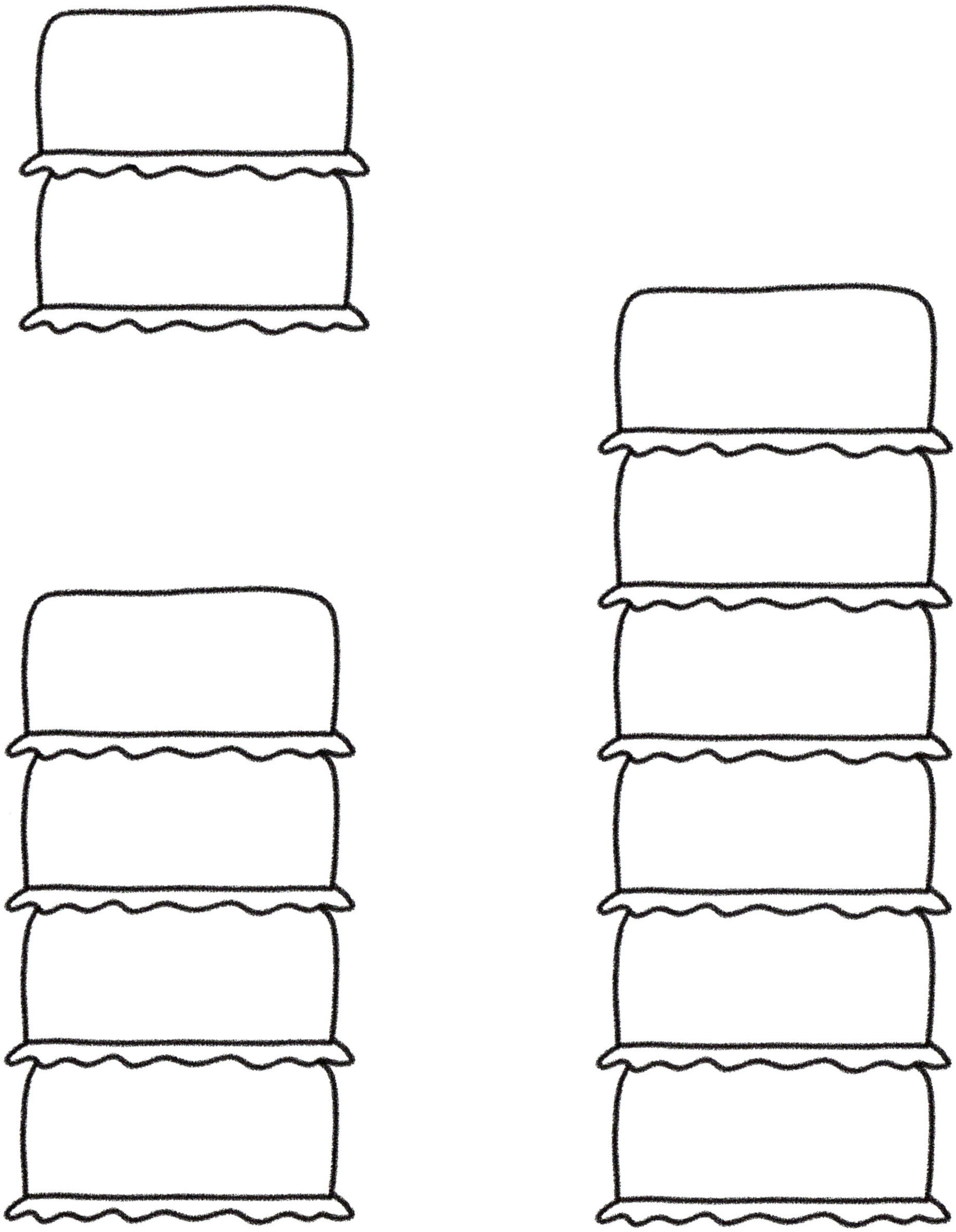

Bibliografische Information der Deutschen Bibliothek
Die Deutsche Bibliothek verzeichnet diese Publikation in der Deutschen Nationalbibliografie; detaillierte bibliografische Daten sind im Internet über http://dnb.ddb.de abrufbar.

1. Auflage 2021

Texte: Britta Bartoldus
Illustrationen: Ilka Röhling
Fotos: Cover © Sergey Novikov – Adobe Stock, S. 18 © Denis Tabler – Adobe Stock, S. 23 © Sergey Novikov – Adobe Stock, S. 29 © Krakenimages.com –Adobe Stock, S. 36 © Britta Bartoldus, S. 43 © Sergey Novikov – Adobe Stock, S. 49 © Britta Bartoldus, S. 55 © Dron – Adobe Stock, S. 63 © Oksana Kuzmina – Adobe Stock, S. 72 © Омурали Тойчиев – Adobe Stock, S. 78 © Michael Pettigrew – Adobe Stock, S. 83 © epic_images – Adobe Stock, S. 89 © Jasmin Merdan – Adobe Stock
Druck und Bindung: ADverts Printing House

ISBN 978-3-7806-5154-9